创业与商业模式研究论丛

经济政策
不确定性与投资效率

夏秀芳 ◎ 著

中国财经出版传媒集团
中国财政经济出版社

图书在版编目（CIP）数据

经济政策不确定性与投资效率／夏秀芳著. --北京：中国财政经济出版社，2021. 12

ISBN 978-7-5223-0826-5

Ⅰ. ①经… Ⅱ. ①夏… Ⅲ. ①经济政策-影响-投资效率-研究-中国 Ⅳ. ①F832. 48

中国版本图书馆 CIP 数据核字（2021）第 195840 号

责任编辑：吕小军　　责任校对：徐艳丽
封面设计：陈宇炎　　责任印制：党　辉

中国财政经济出版社 出版

URL：http：//www. cfeph. cn

E-mail：cfeph@ cfeph. cn

社址：北京市海淀区阜成路甲 28 号　邮政编码：100142

营销中心电话：010-88191522

天猫网店：中国财政经济出版社旗舰店

网址：https：//zgczjjcbs. tmall. com

北京财经印刷厂印刷　各地新华书店经销

成品尺寸：170mm×240mm　16 开　12. 5 印张　177 000 字

2021 年 12 月第 1 版　2021 年 12 月北京第 1 次印刷

定价：52. 00 元

ISBN 978-7-5223-0826-5

（图书出现印装问题，本社负责调换，电话：010-88190548）

本社质量投诉电话：010-88190744

打击盗版举报热线：010-88191661　QQ：2242791300

序

过去40年，中国经济高速发展，创造了世界瞩目的成绩，并于2009年成为世界第二大经济体。在中国经济高速增长的40年，投资成为拉动经济增长的主要动力。特别是2008年金融危机，我国出台的“4万亿计划”逆经济周期的政策，促使我国经济快速“起底回升”，但同时此项经济政策的实施效果及对经济的滞后影响一直备受关注和争议。为应对经济增速的换挡期、结构调整的阵痛期以及前期刺激政策消化期的“三期叠加”，政府又实施了“供给侧结构性改革”“大众创业、万众创新”和“互联网+”等一系列宏观经济政策。这些政策的出台，一方面有效缓解并熨平了经济周期的波动，调节了市场在资源配置方面的不足；但另一方面频繁的经济政策变更加剧了企业经营环境的不确定性，影响企业微观层面的投资行为。于是，经济政策不确定对微观企业经济行为的影响近年来引发了我国实务界和学术界的关注。

过去十几年有关投资效率的研究成为国内外实证研究的主流之一，尤其是Richardson（2006）回归模型构建以来，国内大量文献以此模型从各个视角进行了有关投资效率的丰富研究。《经济政策不确定性与投资效率》的研究发现了一个很重要的现象：Richardson（2006）回归模型所度量的“过度投资”不等同于其所定义的“净现值为负的投资”，已有研究对投资效率的定义和度量是不一致的（甚至是矛盾的），由此所得出的结论并不能反映中国企业投资效率现状，甚至与现实是相悖的。本书通过相关的财务和经济学理论重新审视并定义了投资效率，以有效资本市场理论、托宾Q理论和艾尔文·费雪尔资本预算评估理论等为理论依据，构建了从投入产出角度度量企业投资效率的模型，并对模型的内生性问题和可靠性进行了讨论和检验，实现了投资效率的定义和度量的统一；以构建的模型实证分析了中国经济政策不确定性对投资效率的影响并进行了作用机制分析。该书不仅丰富了公司财务活动中有关投资的理论研究，也拓展了企业投资效率的研究，对于企业在经济政策不确定下进行投资决策具有一定的指导作用。

2020年新冠肺炎疫情的爆发，世界经济和格局的不确定性进一步增大，各国政府为应对新冠肺炎疫情进行的宏观调控以及经济政策的频繁出台也将成为一个常态，在这种大趋势和背景下，深入探索经济政策不确定性对投资效率的影响具有更为重要的现实意义。本书是由夏秀芳博士在其博士学位论文基础上充实完善最终成稿。值此新书出版之际，以此为序，向广大读者特别推荐。

王竹泉

2021年11月于中国海洋大学

目　录

第 1 章

引　　言

本章主要从研究背景和意义、研究内容和研究方法、创新点三个角度对本书的主要研究内容进行介绍。

1.1　研究背景和意义

1.1.1　研究背景

过去的40多年，中国经济高速发展，GDP的年增长率达到了9.7%左右，创造了世界瞩目的成绩，并于2009年成为世界第二大经济体。图1－1是2018年世界主要国家的GDP总量排名，可以看出中国的GDP总量稳居世界第二，并且正在赶超美国。特别是2008年金融危机，我国出台了“4万亿计划”逆经济周期的政策成为世界的焦点，此项政策促使中国很快摆脱了金融危机的阴霾，“4万亿计划”经济政策带动了我国重大、重点基础设施建设以及地方和企业投资规模的大幅增长。投资是自改革开放以来拉动我国经济快速发展的主要动力，与此同时，投资也成为过去十几年学术界的热点，尤其对投资效率的研究更是学者们特别关注的话题。

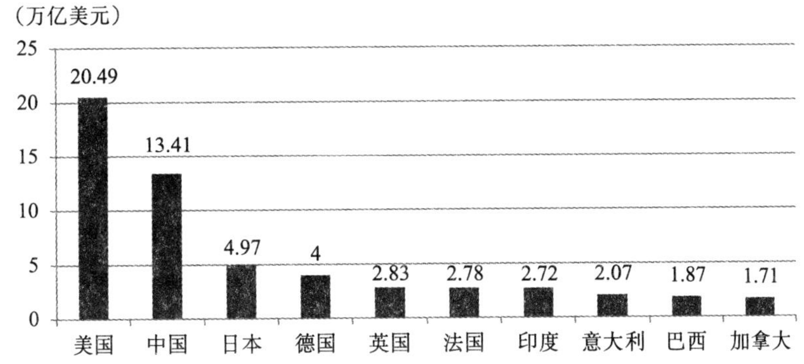

图1－1　2018年世界主要国家名义GDP（Nominal GDP）总量

资料来源：IMF.

Jensen（1986）提出了过度投资的定义，认为过度投资使企业的净现值（NPV）小于0，但Jensen并没有建立度量企业过度投资和投资效率的模型。后期学者试图通过建立模型来量化并分析企业的投资效率，Fazzari等（1988）从融资约束的视角考察了“投资—现金流”的关系，Vogt（1994）通过在Fazzari模型中增加现金流与投资机会的交乘项，根据交乘项系数的符号来判断“投资—现金流敏感性”是由于融资约束（投资不足）还是公司治理（投资过度）导致的，但上述模型并不能直接量化过度投资和投资效率，直至2006年Richardson建立了以财务指标度量企业理想投资规模的回归模型。Richardson的这个回归模型以残差大于0的投资度量企业的“过度投资”，明确指出此部分投资使得企业净现值小于0，是低效率投资①；模型中残差小于0的投资是投资规模并未达到理想状态，意味着投资的边际收益率大于1，后期文献称之为“投资不足”。有文献将此模型的残差称为“投资效率”（如申慧慧等，2012；刘慧龙等，2014），也有文献称之为“非效率投资”（如张功富和宋献中，2009等），大多数文献将残差既称为“投资效率”又称为“非效率投资”，其含义是，若企业的投资规模超过了回归模型预测的投资规模就是“过度投资”，否则是“投资不足”。自Richardson（2006）回归模型建立以来，引用此模型度量上市公司的投资效率成为实证研究的主流之一，特别对公司过度投资行为的研究是学者们关注的热点，研究文献从多角度分析了应如何抑制企业的“过度投资”行为，他们认为股东行为治理、董事会治理、经理人薪酬、管理层背景等都有助于企业“过度投资”行为的抑制。“过度投资”之所以成为研究的热点，是因为文献普遍基于：过度投资是低效率投资，损害了企业价值。Jensen（1986）对过度投资和投资效率的界定是从投入产出的角度，认为过度投资使企业的净现值（NPV）小于0，但Richardson（2006）回归模型是从残差的角度度量企业的投资效率，大于0的残差是低效率投资吗？这是引发本书思考的问题。

另外，为应对2008年金融危机，我国出台的“4万亿计划”逆经济周

---

① Richardson（2006）原文的部分内容“Over-investment is defined as investment expenditure beyond that required to maintain assets in place and to finance expected new investments in positive NPV projects. To measure over-investment, I decompose total investment expenditure into two components: …”Richardson（2006）强调了过度投资是使企业净现值（NPV）为负的投资，并通过构建模型来量化企业的过度投资。

期的政策，尽管促使我国经济快速“起底回升”，但同时此项经济政策的实施效果及对经济的滞后影响一直备受关注和争议，也为后期中国企业杠杆率不断攀升、经济增速放缓埋下了隐患。为应对前期经济过热过快和难以消化的现状，政府又实施了“供给侧结构性改革”“大众创业、万众创新”和“互联网 +”等一系列宏观经济政策，这些政策的出台，一方面有效缓解并熨平了经济周期的波动，进而调节了市场在资源配置方面的不足；但另一方面频繁的经济政策变更加剧了企业经营环境的不确定性，影响企业微观层面的投融资行为。于是经济政策不确定性影响微观企业的经济行为也成为近十几年学术界的热门话题，经济政策不确定性成为近些年的热点名词。图1-2是近十几年中国经济政策不确定性指数（EPU）趋势图，从其走势可以看出，自2008年以来中国经济政策不确定性指数（EPU）发生了较大的波动，并在近几年尤其是2015年中国经济结构转型以及2018年以来的中美贸易摩擦后尤为明显。2020年席卷全球的新冠肺炎疫情对企业的经营和发展来说更是雪上加霜，国际环境变幻莫测或已成定局，为缓解宏观环境对经济的冲击，政府政策的出台亦会更加频繁，经济政策不确定性对企业投资行为的影响也将成为企业管理层、利益相关者关注的焦点。

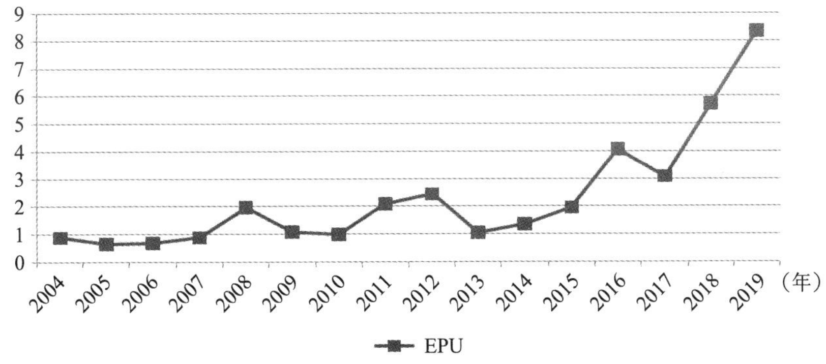

图1-2　2004—2019年中国经济政策不确定性指数（EPU）走势

微观企业的实体经济行为和运行效率是一国经济健康发展的基石，投资效率是企业价值最大化目标实现的关键，经济政策不确定性对企业投资行为的影响是个重要的研究话题。自2015年以来，我国经济增速明显放缓，进入调结构、提效率的结构型转型的新时期。2019 年政府工作报告明确提出，中国已经进入高质量发展阶段，创新和效率将成为引领企业转型的关键。已有文献研究表明经济政策不确定性显著抑制了企业的投资规模，但经济政策不确定性影响投资效率的文献甚少，且现有少量文献都是基于 Richardson（2006）回归模型，分析得出的结论却并不一致，其原因是什么？经济政策不确定性影响投资效率的作用机制是什么？目前尚无文献回答。本书将从投入产出的角度分析经济政策不确定性对投资效率的影响，并进行作用机制分析。

1.1.2 研究意义

本书研究的理论意义和现实意义主要体现在以下几个方面：

（1）理论意义

第一，本书的研究丰富和拓展了经济政策不确定性对微观企业投资行为影响的相关文献。已有文献对经济政策不确定性对经济后果影响的相关研究主要集中在经济政策不确定性对企业融资、投资和其他经济行为的影响。其中，经济政策不确定性对企业融资行为的影响，包括经济政策不确定性对企业债务融资、资本结构动态调整、现金持有、融资成本的影响。经济政策不确定性影响企业投资行为主要从投资效率和投资规模（经营活动投资、研发活动投资和金融活动投资）两大方面展开分析。其中，经济政策不确定性对企业投资规模的影响以及传导机制分析，已有文献都进行了较丰富的研究，但经济政策不确定性对企业投资效率的影响已有研究文献甚少，已有的三篇文献得出的结论无统一定论，如饶品贵等（2017）和李佳霖等（2019）得出结论：经济政策不确定性显著抑制了企业的过度投资；杨志强和李增泉（2018）的研究结果表明：经济政策不确定性强化了企业的非效率投资，且现有文献并没有展开经济政策不确定性影响投资效率的作用机制分析。

本书对有关经济政策不确定性影响企业投资效率的研究结论不一致的原因进行了分析，基于“投资效率 = 投资收益率/资本成本”从投入产出的角度定义了投资效率，构建了度量投资效率的模型，以此模型分析了经济政策不确定性对企业投资效率的影响，并从投资收益率和资本成本角度进行了经济政策不确定性影响投资效率的作用机制分析，丰富和拓展了现有文献。

第二，本书对投资效率模型构建的理论框架进行了补充，将投资效率的定义与度量模型进行了统一。已有模型大多是从投资规模的角度度量投资效率，并不等同于模型构建初衷所要度量的理论投资效率（Jensen，1986)，且已有投资效率模型的构建缺少理论基础。本书基于有效资本市场理论、托宾Q理论和艾尔文·费雪尔（1906）资本预算评估理论等补充了投资效率模型构建的理论框架，并结合中国上市公司特征，对Mueller和Reardon（1993）模型进行了修正，构建了从投入产出视角度量企业投资效率的模型。

第三，已有文献有关经济政策不确定性影响投资效率的理论机理解读为“经济政策不确定性较高时，企业会缩减投资规模，产生投资不足；相反，随着经济政策不确定程度的降低，企业会扩大投资规模，产生过度投资”。投资规模的扩大或者缩减并不一定意味着投资过度或者投资不足，本书纠正了其错误理解并重新进行了理论机理的分析。

（2）现实意义

第一，本书分析得出的研究结论是：中国经济政策不确定性显著提高了企业的投资效率。本书的研究为我国政府通过经济政策良性引导经济发展提供了强有力的证据，对坚定建设中国特色社会主义充满了信心。西方经济体制下政策的出台需要激烈而漫长的辩论和谈判，面对宏观经济的波动，我国政府会谨慎而又高效地出台经济政策实现对经济的良性引导。本书的研究表明：为应对外围环境，政府频繁出台的经济政策对企业投资效率的影响是有益和良性的。尽管我国经济已经实现了从计划经济向市场经济的过渡，但政府在经济中的作用仍不可小觑，今后我国经济要顺利实现高质量发展，在尊重市场规律的前提下，政府“有形之手”作用的发挥仍然重要。

第二，本书有关经济政策不确定性影响投资效率的异质性研究发现：

相对于 GDP 的高速增长期，经济政策不确定性对企业投资效率的提升作用在 GDP 低速增长期更显著。我国当前正处于调结构、稳发展的经济低速增长阶段，尽管 GDP 增速减缓，但经济的高质量发展和高效率增长是今后一段时期经济发展的主要目标，在目前中国经济发展转型的新时期下，本书的研究结论为政府应对越来越严峻和复杂的国际环境、通过经济政策的出台促进企业高效率发展提供了强有力的证据。企业应深入和全面解读中国政府的经济政策指引方向，充分利用并挖掘政策对企业发展所带来的契机，稳步提升企业投资效率。

第三，本书通过经济政策不确定性影响企业投资效率的作用机制分析，得出的结论是：经济政策不确定性对企业短期收益率的影响不稳健，但显著提升了企业的长期收益率（业绩）。这一研究结论有助于企业在政府政策的良性引导下进行长期的价值投资和自我发展。2020 年席卷全球的新冠肺炎疫情，让我们意识到宏观环境的不利影响或成为常态，国家之间经济的合作可能会长期存在诸多不确定性，为应对宏观环境的波动，经济政策的出台也会更加频繁，经济政策不确定性可能会持续攀升，但企业不可能一直处于观望和停滞状态，只有通过完善自身，提升企业生存和发展的“硬件”和“软实力”才能长期并稳定发展。我国经济已经进入高质量发展阶段，企业通过研发活动谋求自我发展，提升企业自身的软实力更为重要。

第四，在宏观环境变化莫测的当今，政府经济政策的出台之前应尽可能进行相关的宣传、解读，减少企业和投资者因对政策的担忧所造成的投资决策失误。通常，经济政策的出台会被企业或者投资者解读为“不利”，主要是因为政策出台之前政府对经济的导向被认为存在不确定性，出台之后政策的持续性、实施力度和效果也被认为存在不确定性，因此，企业管理层通常会观望，做出延迟投资的决策，企业投资规模会降低。政府在出台新的经济政策之前应尽可能通过新闻媒体、网络等渠道进行政策的解读，让企业和投资者充分了解经济政策出台的背景、目的和走向，使企业和投资者对经济政策有个合理的预期。

1.2 研究内容和研究方法

1.2.1 研究内容

(1) 研究思路

本书首先对投资效率和经济政策不确定性进行文献回顾和述评，回顾和分析了投资的相关理论（包括现代投资理论、现代企业理论、行为金融理论）和经济政策不确定性的相关理论（实物期权理论、金融摩擦理论、预防储蓄理论、信息不对称理论、代理理论），在文献回顾和相关理论的指导下，从投入产出的视角对投资效率进行概念的界定。其次，本书对已有度量企业投资效率的模型进行了讨论，发现已有度量企业投资效率的模型并不能有效度量企业的投资效率，尤其对被文献广泛引用的 Richardson (2006) 回归模型，本书进行了大数据统计和机理分析，得出的结论是：此模型所度量的“过度投资”不等同于“净现值为负的投资”。基于此，本书基于有效资本市场理论、托宾 Q 理论和艾尔文·费雪尔（1906）资本预算评估理论等补充了企业投资效率模型构建的理论框架，并结合中国上市公司特征，对 Mueller 和 Reardon（1993）模型进行了修正，构建了反映企业理论投资效率（投入产出视角）的模型。紧接着借助于本书构建的模型，分析了经济政策不确定性对企业投资效率影响的理论机理，并提出本书研究的假设，在此基础上基于中国上市公司 2004—2019 年的样本数据进行实证检验，并进行所有权性质、企业成长机会、经济增长期的异质性分析。再次，本书从影响投资效率的投资收益率、资本成本两个视角分析了经济政策不确定性影响企业投资效率的作用机制。最后进行了本书研究的总结、政策建议和研究展望。本书的研究路线如图 1-3 所示。

引言
研究背景和研究意义、内容和方法、创新点
文献回顾和理论机理
文献回顾与述评
投资效率
投资效率的概念及度量
影响投资效率的宏观因素
影响投资效率的微观因素
经济政策不确定性
经济政策不确定性的概念和度量
经济政策不确定性对企业融资行为的影响
经济政策不确定性对企业投资行为的影响
经济政策不确定性对企业其他行为的影响
理论基础和基本概念
理论基础
投资效率的相关理论
经济政策不确定的相关理论
基本概念
相关概念的回顾及本文对投资效率的界定
投资效率模型的构建
投资效率模型的讨论与构建
已有模型的讨论
已有模型的讨论
Richardson(2006)回归模型的分析：大数据统计分析和机理分析
度量企业投资效率模型的构建
模型构建的理论基础、基本思路
我国上市公司投资效率度量
模型的可靠性、内生性的讨论
经济政策不确定性对企业投资效率的影响及作用机制
经济政策不确定性对投资效率的影响
理论分析和假设的提出
经济政策不确定性对投资规模的影响
经济政策不确定性对投资效率的影响
研究设计
样本的选择和数据来源
变量的定义和模型的设定
实证检验及结果分析
描述统计
实证结果分析
稳健性检验
进一步的讨论：异质性分析
经济政策不确定性影响投资效率的作用机制分析
投资收益率：短期和长期收益率
资本成本：包括债务、股权和综合资本成本
理论分析和假设的提出
实证检验和结果分析
稳健性检验
研究结论和展望

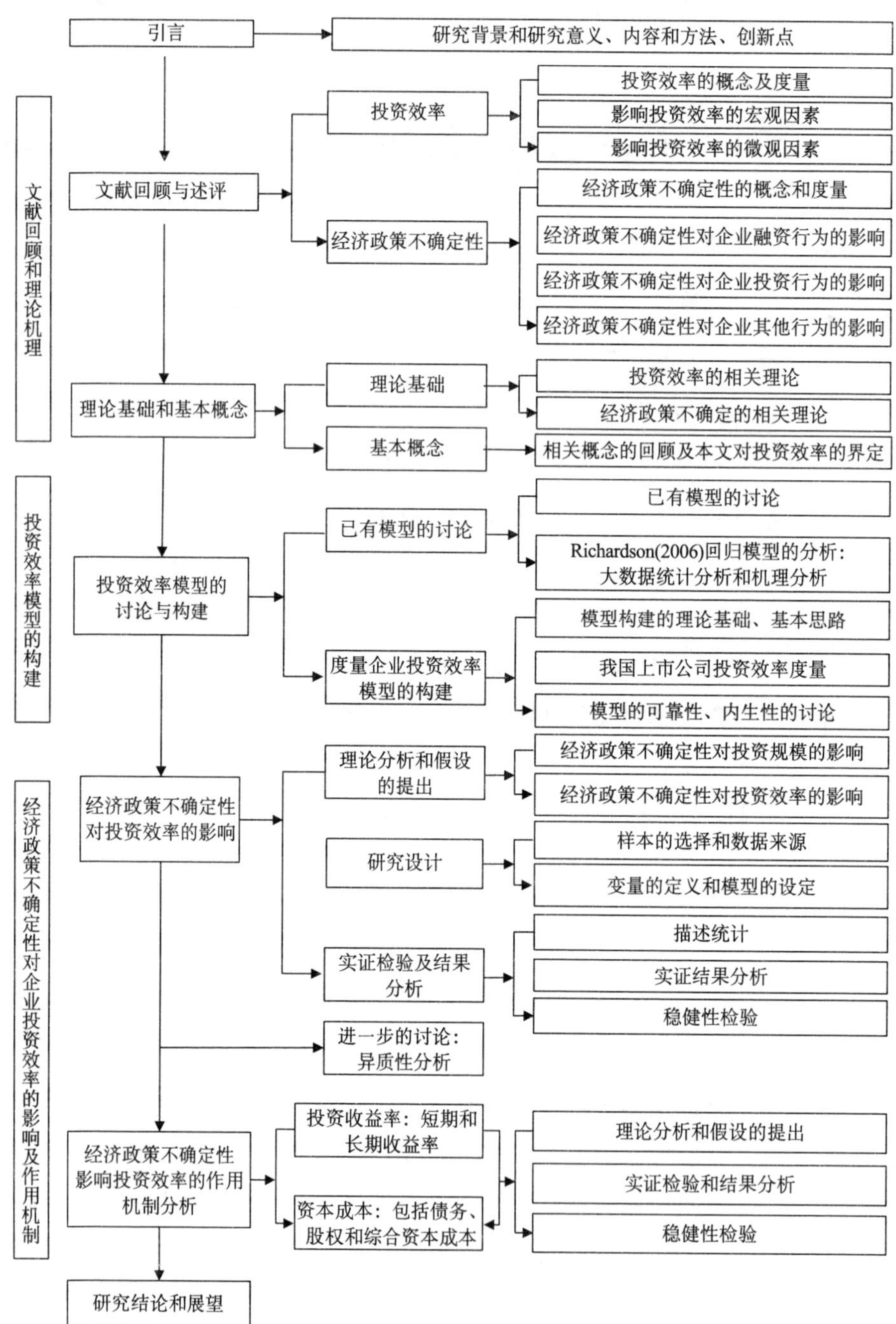

图 1－3　本书的研究路线

（2）研究内容

本书的研究内容共分为七个章节，包括引言、文献回顾与述评、理论基础和基本概念、已有模型的讨论和本书对投资效率模型的构建、经济政策不确定性对投资效率的影响、作用机制分析、研究结论及政策性建议。各章节主要内容如下：

第1章为引言，包括研究背景和意义、研究内容和方法、文章的创新点。

第2章为文献回顾与述评。从投资效率和经济政策不确定性两个角度进行了文献回顾和述评。其中投资效率文献包括投资效率的概念和度量、影响投资效率的宏观因素和微观因素；经济政策不确定性的文献包括经济政策不确定性的概念和度量、经济政策不确定性对企业融资、投资和其他经济行为的影响。

第3章为理论基础和基本概念，从投资效率和经济政策不确定性两个角度进行相关的理论分析。投资效率理论包括现代投资理论（凯恩斯的投资理论、新古典投资理论、托宾Q理论、有效资本市场理论等）、现代企业理论（产权理论、信息不对称理论、委托代理理论等）和行为金融理论；经济政策不确定性的相关理论包括实物期权理论、金融摩擦理论、预防储蓄理论、信息不对称理论和代理理论。在对投资、投资效率相关概念文献回顾的基础上，在相关理论的指导下，提出了本书对投资效率的定义。

第4章为已有模型的讨论和本书对投资效率模型的构建。首先对已有度量企业投资效率的模型进行了讨论，尤其重点分析了被文献广泛引用的Richardson（2006）回归模型，通过上市公司的大数据统计发现：此模型所度量的“过度投资”等同于“使得企业净现值为负的投资”，对此本章进行了机理分析。基于此，本章在有效资本市场理论、托宾Q理论和艾尔文·费雪尔（1906）资本预算评估理论等理论的指导下补充了企业投资效率模型构建的理论框架，并在Mueller和Reardon（1993）模型的基础上，结合中国上市公司特征构建了度量企业理论投资效率（Jensen，1986）的模型，并对所构建模型的可靠性、内生性问题进行了讨论。

第 5 章为经济政策不确定性对投资效率的影响。首先在经济政策不确定性理论、投资及投资效率理论的指导下，结合中国的国情分析了经济政策不确定性影响企业投资规模、投资效率的机理，并提出了本书研究的重要假设，重点分析了经济政策不确定性对投资效率的影响。然后基于中国上市公司 2004—2019 年的样本数据进行了实证检验和分析，实证结果支持了本书的假设：经济政策不确定性抑制了企业的投资规模，但提高了投资效率。最后从所有权性质、投资机会、经济增长期三个角度进行经济政策不确定性影响投资效率的异质性分析。

第 6 章为作用机制分析。从投资收益率和资本成本两个视角进行了作用机制分析，其中投资收益率从短期和长期收益率两个角度进行了分析，资本成本从债务资本成本、股权资本成本和加权资本成本三个角度进行了分析。得出的结论是：经济政策不确定性对企业短期收益率影响不稳健（无影响或者负向影响），但对长期收益率有正向效应；经济政策不确定性显著降低了企业的负债资本成本、股权资本成本以及综合资本成本。因此，经济政策不确定性通过提高企业的长期投资收益率和降低资本成本从而提高了企业的投资效率。

第 7 章为本书的研究结论与展望，对本书的研究进行了总结，提出了政策性建议，对我国未来的经济发展进行了展望。

1.2.2 研究方法

本书的研究方法包括：

（1）文献研究法

本书通过对投资效率和经济政策不确定性的相关概念、文献的回顾和述评，提出了对投资效率的定义和不同已有文献的研究思路，文献研究法为本书展开新的研究思路提供了重要的文献基础和价值参考。

（2）规范研究法

本书基于已有的理论对投资效率进行了概念的界定；基于有效资本市场理论、托宾 Q 理论和艾尔文·费雪尔（1906）资本预算评估理论等补充了企业投资效率模型构建的理论框架；并基于投资的相关理论（包括现代投资理论如凯恩斯的投资理论、新古典投资理论、托宾Q理论、有效资本市场理论等，现代企业理论如产权理论、信息不对称理论、委托代理理论以及行为金融理论）和经济政策不确定性的相关理论（包括实物期权理论、金融摩擦理论、预防储蓄理论等）分析了经济政策不确定性对企业投资效率影响的理论机理并进行了作用机制分析。

（3）实证分析法

本书以中国上市公司2004—2019年的数据实证分析了经济政策不确定性对企业投资效率的影响，从所有权性质、投资机会、经济增长期三个角度进行了异质性分析，并进一步对经济政策不确定性影响投资效率的作用机制展开了分析。

1.3 本书的创新点

①现有少量文献分析了经济政策不确定性对投资效率的影响，但尚无文献进行作用机制分析，且相关研究都是通过引用Richardson（2006）回归模型度量企业的投资效率。本书的研究发现，尽管Richardson（2006）在研究中通过构建模型来度量企业的“过度投资”，且研究中明确指出了“过度投资是使企业的净现值为负的投资”，但以中国上市公司数据统计分析发现：此模型以大于0的残差所度量的“过度投资”并不等同于“使得企业净现值为负的投资”，本书对此现象进行了机理分析。

②本书对投资效率的定义和度量都是基于“投资效率=投资收益率/资本成本”，实现了投资效率的概念和模型构建的统一，从效率的本质（投入产出比）构建了能够度量企业理论投资效率（Jensen，1986）的模型，并对所构建的模型进行了理论框架的补充。

③以本书所构建的模型，从投入产出的视角对投资效率进行了度量，分析了经济政策不确定性对其影响，并进行了所有权性质、企业成长机会

和经济增长期的异质性分析。

④本书从投资收益率和资本成本两个视角进行了经济政策不确定性影响投资效率的作用机制分析。其中，投资收益率从短期投资收益率和长期投资收益率两个方面进行了分析，资本成本从债务资本成本、股权资本成本和加权资本成本三个方面进行了分析。

⑤已有的少量文献有关经济政策不确定性影响投资效率的机理阐述为“经济政策不确定性较高时，企业会缩减投资规模，产生投资不足；相反，随着经济政策不确定程度的降低，企业会扩大投资规模，产生过度投资”。本书对这一错误理解进行了纠正。Richardson（2006）回归模型以“过度投资”和“投资不足”度量企业投资效率，该模型认为“过度投资”是低效率投资，“投资不足”意味着企业可以继续扩大投资规模，投资的净现值大于0，投资效率高。从这个角度已有文献对经济政策不确定性影响投资效率的机理可以表述为，“经济政策不确定性较高时，企业会缩减投资规模，提高投资效率；相反经济政策不确定性的降低会促使企业扩大投资规模，产生低效率投资”。显然这种解释是错误的，投资规模的扩大与投资的低效率、投资规模的缩减与投资的高效率之间并无直接关系。近20年来，互联网和大数据的发展使企业竞争平台发生了变化，一个很重要的现象就是赢者通吃，即业绩好的企业由于投资效率和收益率高会扩大投资规模，直至投资的边际收益等于投资的资本成本，因而企业越做越大，即所谓规模经济效益。因此，扩大投资规模不一定代表企业投资效率低，同样，缩减投资规模也不一定意味着企业投资效率高。现实中也不乏行业的龙头，如万科、海尔、伊利股份、阿里巴巴等，典型的投资规模大且投资效率高、效益好的企业，同时也有不少由于投资效率低、效益差缩减投资规模的案例。

本书纠正了现有文献有关经济政策不确定性影响企业投资效率的错误机理分析，并基于代理理论、权衡理论、实物期权理论等并结合中国的现状，对经济政策不确定性影响企业投资效率进行了机理和作用机制分析。

第 2 章

文献回顾与述评

本章从经济政策不确定性和投资效率两方面进行了国内外文献回顾并进行了文献述评。其中，投资效率文献回顾包括投资效率的定义和度量、影响投资效率的宏观因素和微观因素；经济政策不确定性文献回顾包括经济政策不确定性的概念和度量、经济政策不确定性对企业融资行为、投资行为和企业其他经济行为的影响。

2.1　投资效率的文献回顾

2.1.1　投资效率的定义和度量

（1）投资效率的定义

Jensen（1986）提出了过度投资的理论定义，认为过度投资是使 NPV 为负的投资。

（2）投资效率的度量

西方学者主要是基于融资约束和代理问题（过度投资）两种视角来解释投资与现金流的关系，后期学者通过构建以财务变量作为解释变量的回归模型来度量过度投资和投资效率，其中比较具有代表性的模型有以下几种：

①FHP（1988）投资—现金流敏感性模型。Jensen（1986）认为经理人会利用企业富裕的现金流扩大投资规模以谋取个人利益，因此过多的自由现金流就会导致经理人的过度投资行为。西方学者基于此观点试图通过投资与现金流的关系寻找企业过度投资行为的证据。FHP（1988）模型（由 Fazzari、Hubbard 和 Peterson 共同提出的）基于企业内部现金流对投资影响的视角建立了"投资—现金流敏感性"来衡量融资约束，得出了结论：融资约束严重的公司表现出了比较强的投资—现金流敏感性。该模型无法通过投资和现金流的关系得出企业投资不足还是过度投资问题，FHP 模型具体见模型（2－1）。

$$(I/K)_{it} = f(X/K)_{it} + g(CF/K)_{it} + u_{it} \tag{2-1}$$

②Vogt（1994）借鉴了 Lang 和 Litzenberger（1989）的方法，通过在 FHP 模型中增加现金流与投资机会的交乘项，如模型（2－2）所示，依据交乘项的系数 β_5 的符号来判断投资—现金流敏感性是由于融资约束（投资

不足）还是由于公司治理（投资过度）导致的。其判断的基本依据是：若企业投资对现金流敏感且Q值较低，那么过度投资问题是导致投资—现金流敏感性的原因，交乘项系数 β_5 应为负数；相反，若投资对现金流敏感发生在Q值较高的企业，融资约束或者投资不足可以解释这一现象，此时交乘项系数 β_5 应为正值。

$$\left(\frac{I}{K}\right)_{it}=\beta_1\left(\frac{CF}{K}\right)_{it}+\beta_2\left(\frac{DCASH}{K}\right)_{it}+\beta_3\left(\frac{REV}{K}\right)_{it}+\beta_4 Q_{i,t-1}+\beta_5\left(\frac{CF}{K}\right)_{it}\cdot Q_{i,t-1}+\varepsilon_{it} \tag{2-2}$$

国内外一部分学者引用了FHP（1988）和Vogt（1994）模型，依据投资对投资机会（或现金流）的敏感性来判断企业的过度投资和投资不足，如Kausar等（2016）、Chen等（2011）、Stein（2003）、李焰等（2011）、靳庆鲁等（2012）、唐雪松等（2007）、何金耿和丁加华（2001）、冯巍（1999）和喻坤等（2014）等。

③Richardson（2006）发表了一篇题目为“自由现金流的过度投资”文章。该文章考察了自由现金流过度投资的程度，作者基于会计框架建立了模型来度量企业的“过度投资”，具体模型见（2-3）。该模型是以本年的投资规模（INV_t）为被解释变量，以上一年度的投资规模（INV_{t-1}）、企业规模（$Size_{t-1}$）、年龄（Age_{t-1}）、负债率（Lev_{t-1}）、投资收益率（$Return_{t-1}$）、投资机会（Tobin's Q_{t-1}）作为解释变量，将模型中大于0的残差的企业投资行为称为“过度投资”，并认为此部分投资使得企业的净现值（NPV）小于0，是低效率投资；小于0的残差的企业投资行为被后期文献称为“投资不足”，是企业可以继续投资的部分，被认为投资效率高。

$$INV_t=\beta_0+\beta_1\cdot \text{Tobin's } Q_{t-1}+\beta_2\cdot Lev_{t-1}+\beta_3\cdot Cash_{t-1}+\beta_4\cdot Age_{t-1}+\beta_5\cdot Size_{t-1}+\beta_6\cdot Return_{t-1}+\beta_7\cdot INV_{t-1}+\sum YearIndicator+\sum IndustryIndicator+\varepsilon_t \tag{2-3}$$

自2006年以来，Richardson回归模型被文献大量引用，用来度量上市公司的“非效率投资”行为。有学者直接将模型中的残差称作是“投资效率”，如魏明海和柳建华（2007）、申慧慧等（2012）、刘慧龙等（2014）、陈运森和谢德仁（2011）等；也有学者将残差称为“非效率投资”，如张功富和宋献中（2009）等。大部分学者将残差区分为大于 0 和小于 0 的样本，分别称为“过度投资”和“投资不足”，并将它们统称为“投资效率”和“非效率投资”。这些研究分析了企业、市场或环境等某方面的性质如何影响企业的“投资效率”，尤其对“过度投资”行为抑制的研究是学者们分析的重点，研究从多角度展开，如环境不确定性（申慧慧等，2012）、现金股利（魏明海和柳建华，2007；肖珉，2010；陈艳等，2015）、公司治理机制（唐雪松等，2007）、地方政府官员更替（陈艳艳和罗党论，2012）、地方政府干预（杨华军和胡奕明，2007）、市场竞争和 EVA 评价指标（刘凤委和李琦，2013）、管理层的背景特征（姜付秀，2009）、避税活动（刘行和叶康涛，2013）、独立董事（陈运森和谢德仁，2011）、决策权配置和盈余管理（刘慧龙等，2014）、不同市场化进程的银企关系（翟胜宝等，2014）、国有企业的过度投资与效率损失（孙晓华和李明珊，2016）、企业风险承担（夏子航等，2015）、财务治理（高明华等，2012）、现金持有（张会丽和陆正飞，2012）、股权集中度和控股股东（俞红海等，2010）、众向一体化（张伟华等，2016）、内部控制缺陷披露（张超和流星，2015）、管理者过度自信（李云鹤，2014）、薪酬激励（辛清泉，2007；吕长江、张海平，2011）等。

还有学者通过大于 0 和小于 0 残差的样本数量分析我国上市公司是“投资不足”还是“过度投资”，如孙晓华和李明珊（2016）以 2003—2014 年我国 31 个省份的国有工业企业为研究样本，通过构建联立方程模型检验国有企业过度投资、地区经济增长和生产效率损失三者之间的内在关系，得出了结论：国有企业普遍存在过度投资行为，2008 年以后尤为严重。张功富（2009）以沪深 301 家工业类上市公司为样本对上市公司的非效率投资行为进行了实证度量，发现有 39.26% 的公司投资过度，60.74% 的公司投资不足，因而得出结论，我国上市公司总体表现为投资不足。周伟贤（2010）以 2004—2008 年非金融类上市公司为样本，得出了类似的结论——我国上市公司的非效率投资现象非常普遍，总体而言，投资不足较过度投资严重。但佟爱琴和马星洁（2013）得出的结论是，我国上市公司投资过度较投资不足企业数量多，但投资不足的程度高于投资过度。学者以 Richardson（2006）回归模型分析上市公司的投资效率得出了不一致的结论。

④Biddle 等（2009）建立了投资与销售收入增长率的线性回归模型，认为回归模型预测的残差越大，过度投资越严重，国内学者窦欢等（2014）和王克敏等（2017）等采用此模型度量了企业的过度投资和投资效率。

此外，有学者在分析投资效率的同时采用了两种模型，如李万福等（2011）采用了 Biddle 等（2009）模型和 Richardson（2006）模型，袁振超和饶品贵（2018）以及饶品贵等（2017）采用了 Richardson（2006）和“投资—投资机会敏感度”进行了分析。

⑤从经济效果的角度对投资效率的度量。经济学家托宾（Tobin）1696 年提出 Q 值理论。Q 值是指企业的市场价值与其资产重置成本的比。该理论认为，当且仅当投资项目能增加企业的市场价值时，项目才会被接受；企业市场价值的增加，是股票市场根据该项目未来的预期收益和风险做出的综合反应。Q 值理论表明，企业市场价值是衡量企业投资效率的关键因素。Baumol 等（1970）从收益率的角度建立了会计模型，通过对美国留存收益率的研究，发现美国公司 1949—1963 年的内部资金再投资收益率约为 2.0%—4.1%，并且不同资金的投资收益率是不同的。随后 Whittington（1972）、Friend 和 Husic（1973）对 Baumol 等（1970）的模型进行了修正和创新。Mueller 和 Reardon（1993）开创性地基于“投资增加了企业的市场价值”构建了模型，通过模型测算了企业的投资效率—投资边际收益率。Fama 和 French（1999）将全部上市公司作为一个整体项目，构建了基于现金流的折现率的模型，分别测算了美国公司的价值内涵报酬率（IRR on value）和成本内部报酬率（IRR on cost）。我国学者张峥等（2004）引用了 Fama 和 French（1999）的模型从整体和分行业两个角度估计了 1990—2001 年我国上市公司的投资效率，得出结论：我国企业总体的投资回报率大于资本成本，投资效率高。辛清泉等（2007）、徐玉德和周玮（2009）直接引用了 Mueller 和 Reardon（1993）和 Baumol（1970）的

模型测算了我国上市公司的边际投资收益率和累计投资收益率，得出了与张峥等相反的结论：企业投资的边际收益率小于 1，企业投资效率低。

总之，已有文献对过度投资和投资效率的度量可以大致分成两类：一是从投资规模的角度，包括：引用 Fazzari（1988）和 Vogt（1994）模型，依据“投资—现金流敏感性”或“投资—投资机会敏感性”进行度量；引用 Richardson（2006）和 Biddle 等（2009）回归模型，将回归模型中大于 0 的残差定义为过度投资。二是少量文献从投入产出的经济效果的角度进行度量。无论从投资规模还是从经济效果的角度，已有研究文献对过度投资和投资效率的定义都是依据 Jensen（1986）对过度投资的理论定义——“NPV 为负的投资”。其中，引用 Richardson（2006）回归模型度量并分析上市公司投资效率的文献是主流。

2.1.2　宏观因素对投资效率的影响

宏观因素对企业投资效率的影响，文献主要从环境不确定性、地方政府干预、货币政策、法制环境和产业政策等角度进行了分析。

（1）环境不确定性对投资效率的影响

申慧慧等（2012）以企业的所有权性质作为融资约束的代理变量，实证分析了环境不确定性对投资效率的影响，结果表明，环境不确定性对不同所有权性质企业影响是不同的：引起了非国有企业的投资不足，但导致了国有企业过度投资的加剧。佟爱琴和马星洁（2013）以 GDP 作为宏观环境的代理变量，分析了宏观环境、企业产权性质与非效率投资的关系，结论是：企业的投资水平与宏观经济高度相关，其中民营企业投资不足严重，宏观环境紧缩加剧了两者关系，国有企业则表现为过度投资。徐倩（2014）以公司股票收益率的波动率度量了环境不确定性，分析了环境不确定性对企业投资效率的影响，以及股权激励对两者关系的作用。

（2）地方政府干预对投资效率的影响

杨华军和胡奕明（2007）研究了政府干预对地方国有上市公司投资效率的影响，结果表明，政府干预导致了地方国有企业的过度投资现象，政府干预与投资不足的正相关关系证据较弱。钟海燕等（2010）实证检验了政府干预和内部人控制对企业投资效率的影响，结果表明，行政干预尽管有非效率的弊端，但能发挥抑制内部人机会主义的作用，进而使得受政府干预较强的国有企业的投资效率反而优于受内部人控制的公司。陈艳艳和罗党论（2012）分析了地方官员更替对所管辖区企业投资行为的影响，得到的结论是：地方官员更替使得辖区企业投资支出规模增大，企业投资效率下降；且投资波动率与官员更替频率同方向变动。

（3）货币政策、法制环境和产业政策对投资效率的影响

Kashyap 等（1993）研究发现，当一国实行紧缩的货币政策时，银行信贷供给减少，导致企业融资成本提高进而会影响投资。Kashya 与 Stein（2000）的研究发现，紧缩的货币政策加重了企业的融资约束程度，投资不足则成为紧缩性货币政策下企业投资的普遍状态。Karima 与 Azman Saini（2013）研究了广义信贷渠道和名义利率对马来西亚公司投资水平的影响，结果表明，资本使用成本和流动比率对企业投资水平都会产生显著影响，而且小规模企业更易受货币政策的影响。Acemoglu 等（2017）发现，宽松货币政策的实施有助于企业投资规模的增加，然而当超过一定阈值时，企业的风险会急剧爆发，并出现投资水平的大幅度下滑以及公司大面积的破产。Fu 与 Liu（2015）以中国上市公司为研究对象，通过实证研究表明，相对于货币政策紧缩时期，货币政策宽松时期企业的投资决策调整更加频繁。张西征等人（2012）将宏观的货币政策用于分析企业微观层面的投资，认为货币政策影响公司投资的需求和供给，分别从货币渠道和信用渠道分析了货币政策对企业投资决策和投资意愿的影响。靳庆鲁等（2012）以 2003—2009 年民营企业为样本，分析了货币政策、融资约束和投资效率的关系。研究发现，在宽松的货币政策下企业的融资约束得以缓解，但投资效率并未呈现出线性提高的特点；低盈利能力公司在紧缩货币政策时期的清算期权价值更高，高盈利能力公司在宽松货币政策时期的增长期权价值更大。谢军等（2013）实证分析了货币政策对企业投融资行为的影响，研究结果表明，宽松的货币政策对企业投资起到了促进作用，尤其是非国有企业表现得更显著。喻坤等（2014）从货币政策冲击的角度揭示了国有

企业与非国有企业投资效率差异之谜。

此外，有学者研究了法制环境、产业政策等对投资效率的影响，如李延喜等（2015）考察了外部治理环境、产权性质对公司投资效率的影响，对于外部治理环境从政府干预、金融发展水平以及法治水平三个维度进行了研究，结果发现三个维度的外部治理环境的加强都有助于公司投资效率的提高，并进一步对不同产权性质企业进行了研究。王克敏（2017）研究了产业政策、政府支持与投资效率的关系，结果发现，受产业政策支持和政府鼓励的公司长期负债较多，过度投资程度高，投资效率低。

2.1.3 微观因素对投资效率的影响

对企业投资效率影响的微观层面的文献包括自由现金流、负债融资和融资约束、股利政策和现金分红、公司治理、会计信息质量、企业避税、EVA 评价体系、企业风险承担和内部控制、银企关系等。

（1）自由现金流

Myers 和 Majluf（1984）认为，由于资本市场中的信息不对称导致部分公司面临融资约束，使投资支出对现金流的变动非常敏感，因此提出了融资约束会导致投资不足的观点。这一理论预期得到了来自 Fazzari、Hubbard 和 Peterson（1988）以来的一系列实证研究的支持。FHP 的主要观点是：在受到外部融资约束的影响下，企业投资对内部现金流的依赖性就会增强，融资约束取决于公司内外部融资成本的差异。因此，他们从融资约束的视角实证探讨了投资对现金流的敏感关系，其中融资的代理变量以股利支付率度量，研究发现融资约束大的公司，投资对现金流更敏感。Kaplan 和 Zingales（1997）通过实证分析得出了与 FHP（1988）相反的结论，认为融资约束并不是投资对现金流敏感的唯一原因，并对 FHP（1988）的研究结论提出了质疑，得到了 Cleary（1999）的支持。后续文献同时分析了融资约束与代理问题对企业投资效率的不同影响，如 Vogt（1994）借鉴了 Lang 和 Litzenberger（1989）的方法，通过在 FHP（1988）模型中增加现金流与投资机会的交乘项，根据交乘项系数的符号来判断“投资—现金流敏感性”是由于融资约束（投资不足）还是公司治理（投资过度）导致的，其主要观点是：若是融资约束所致，企业就会表现出投资不足，这种情况下投资对现金流的敏感性为正；如果是代理问题引起的，企业就会表现为过度投资，投资对现金流的敏感性表现为负。Devereux 和 Schiantarelli（1989）、Hoshi 等（1991）分别利用英国和日本的上市公司财务数据，实证分析了企业投资支出与内部资金的关系，验证了投资支出受企业内部资金约束的结论。连玉君和程建（2007）认为，Tobin′s Q 的衡量偏误会导致投资—现金流不能准确度量融资约束，在控制了 Tobin′s Q 衡量偏误的基础上，研究中重新考虑了投资对现金流敏感性问题，得出了不同已有的结论：投资对现金流的敏感性反而在融资约束程度较轻的公司表现得更强，这类公司出现了过度投资；融资约束较严重的公司由于信息不对称表现为投资不足，因此代理问题是投资对现金流敏感性的主要原因。罗琦等（2007）分析了不同规模、所有权性质企业的融资约束与代理问题，研究发现，融资约束问题在中小规模的国有企业中表现得较为突出，企业持有现金的目的是缓解和抵御融资约束，而大规模地方国企和民营企业持有的现金壕沟效应显著。而冯巍（1999）以中国上市公司作为样本，通过 FHP（1988）模型的内部现金流与投资的关系检验了信息不对称假设。何金耿和丁加华（2001）对上述研究结论提出了质疑，他们基于 Vogt（1994）模型，实证检验了上市公司的投资—现金流敏感性的真实动因是源于管理机会主义的代理成本。类似的研究还有郑江淮等（2001）等。

（2）负债融资和融资约束

债务融资所带来的投资后果分析是投资效率研究的主流方向之一，有两种观点：一种以 Jensen 和 Meckling（1976）为代表的观点，认为企业的高负债会增强股东的投机倾向，为了个人私利，管理层将会投资高风险但大部分损失由债权人承担的项目，因此高杠杆水平可能会导致企业过度投资。另外一种观点是以 Myers（1977）为代表的学者，认为股东和管理层通过负债融资进行投资时，可能会更倾向于投资那些提高企业股权价值但可能会降低债权价值的项目，因此一些净现值大于 0 的投资项目可能就会被舍去，导致企业投资不足。Ho - vakimian（2011）的研究表明，当企业面临较高的融资约束时，能够增加企业价值的投资项目便成为管理层的首选，于是企业投资效率随之提高。国内学者童盼和陆正飞（2005）通过实证发现中国上市公司负债融资显著抑制了投资规模，其抑制效应受到投资项目风险大小的影响。唐雪松等（2007）的实证得出结论，中国上市公司的负债融资可以有效抑制公司过度投资行为。徐玉德和周玮（2009）实证分析了不同所有权结构下财务杠杆对投资效率的影响，得出结论，负债率对国有企业投资效率无显著影响，但财务杠杆率的提高会显著降低非国有企业和地方国有企业的投资效率。陈建勇等（2009）从债务期限结构的视角分析了其对投资效率的影响，发现两者的关系受投资项目风险的影响，具体表现为，高风险项目的长期债务易导致过度投资加剧，中低风险项目的长期债务易导致投资不足。应千伟和罗党论（2012）的研究表明，银行授信对不同融资约束程度公司有着不同的影响，银行授信显著提高了融资约束严重公司的投资效率，但对融资约束较轻公司的投资效率影响较小。罗响和吴晓欣（2015）以我国 2003—2013 年上市公司的财务数据，实证检验了上市公司融资约束、代理问题与投资行为关系，结果发现，上市公司控制权的代理问题与融资约束均会导致公司的非效率投资行为，最终取决于融资约束引发的投资不足与代理成本带来的过度投资的综合效应；且国有公司和大规模公司倾向于过度投资，非国有公司和小规模公司表现为投资不足。Guariglia 和 Yang（2016）以中国上市公司 1998—2014 年的数据，通过实证从融资约束和代理成本两个方面对企业非效率投资做了解释，结论是：现金流量较最优水平低的公司有投资不足的倾向，这类公司的非正常投资对自由现金流的敏感性随着融资约束的增强而增加，而对于投资过度的公司，其敏感性随着公司的代理成本提高而增加。张悦玫等（2017）实证分析了会计稳健性、融资约束及投资效率之间的关系，研究发现会计稳健性抑制了非效率投资，融资约束一方面抑制了企业的过度投资，另一方面强化了企业的投资不足。

此外，还有学者从负债的具体融资方式研究了银行借款、商业信用对企业投资效率的影响，如郭丽虹和马文杰（2011）以中国非上市中小企业为样本，考察了企业内外融资对投资的影响，结果发现：企业的投资支出受到债务资金的约束，且民营中小企业受到的影响大于国有中小企业，但商业信用在某种程度上可以替代银行借款，缓解融资难的问题，且可以促进投资支出的增加。宋淑琴和姚凯丽（2014）以民营企业为研究样本，研究发现无论是金融负债的银行借款还是经营性负债的商业信用都对过度投资起到了抑制作用。邓向荣和张嘉明（2016）研究了制造业企业融资方式、融资约束对投资效率的影响，发现商业信用对企业的投资效率有正向提升作用，但银行信贷和内部融资却引起了投资效率的下降，且银行信贷和内部融资会相互强化对企业投资效率的负面影响，商业信用却能减弱银行信贷和内部融资对投资效率的抑制作用。

（3）股利政策和现金分红

魏明海和柳建华（2007）以 2001—2004 年中国国有上市公司为样本，实证检验了上市公司现金股利政策对企业过度投资的影响及治理因素在两者关系方面的作用，研究结果表明：对国有企业而言，其过度投资行为会受到低现金股利政策的影响并随之加剧，但公司外部治理环境和内部治理结构的改善，有助于抑制国企的过度投资行为。杨兴全等（2010）研究了治理环境、超额现金持有与公司非效率投资的关系，实证结果支持了代理理论，表明企业的超额现金持有会导致过度投资行为。肖珉（2010）研究了现金股利对内部现金流与投资的关系的影响，发现内部现金流过多的公司的现金股利支付行为对公司的过度投资有抑制作用。陈艳等（2015）实证研究了半强制分红政策下的现金股利政策对公司投资效率和融资约束的影响，结果表明，无再融资需求的公司，迎合现金分红对公司的“投资—现金流敏感性”不敏感，但有再融资需求的公司，分红能提高公司的“投资—现金流敏感性”。

（4）公司治理

已有文献从股权集中度、董事会治理、管理层激励、管理层权力等多角度对公司治理对投资效率的影响展开了分析。

①股权集中度。徐莉萍等（2006）研究了股权集中度、股权制衡对公司绩效和效率的影响，结果发现股权制衡与过度投资呈现“U 形”关系，大股东占比高的股权制衡结构，为了个人私利损害公司利益，其制衡作用

会减弱。但唐雪松（2007）研究得出了相反的结论：管理层持股比例的增加降低了代理成本，对非效率投资行为起到了抑制作用，但独立董事对非效率投资的抑制作用证据不显著。吕峻（2012）发现，股权集中度在一定范围内能够较好地发挥对企业非效率投资行为的抑制作用，但当股权集中度超过一定比例时，会加剧企业非效率投资行为。王兵等（2018）从审计总监兼任监事及其能力差异的视角研究了公司治理对投资效率的影响，研究结果表明，审计总监兼任监事可以显著缓解投资不足，降低过度投资，从而提高公司投资效率，且不受企业产权差异的影响，在采用PSM方法和Heckman二阶段检验控制内生性后，结论仍然是稳健的。俞红海等（2010）的研究发现，股权集中和控股股东会引发公司过度投资行为，并进一步受到控股股东控制权与现金流权分离的影响。窦欢等（2014）、罗进辉（2008）、蔡吉甫（2009）分别从大股东监督能力、持股比例和管理层持股的角度研究了公司治理对投资效率的影响，得出了基本一致的结论：管理层和大股东持股能够起到制约企业过度投资行为的治理效应。

②董事会治理。Wang（2005）以中国上市公司2003—2012年间的7 487家公司为样本，对中国上市公司中有政治关联的独立董事进行了实证研究，结果表明，任命具有政治联系的独立董事的价值效应和激励因素与所有权性质有关，民营企业有政治关联的独立董事通常表现优于他们同行中无政治关联的企业，因为容易获得外债融资和更多的政府补贴；地方政府控制的公司，由于有更多的关联交易和更严重的过度投资问题，因此让政治家担任独立董事无助于增加上市国有控股公司投资效率。李维安等（2007）研究发现，董事会治理、股东行为治理和利益相关者治理可以起到有效制约企业过度投资的行为。张会丽等（2012）研究了现金分布、公司治理与过度投资的关系，得出的结论是：集团公司的过度投资行为显著受到其母子公司现金分布的分散程度的影响，分散程度越大其过度投资行为越严重，但完善的公司治理机制能够较好地缓解这一行为。陈运森和谢德仁（2011）从独立董事治理的角度考察了公司治理对企业投资效率的影响，研究发现，网络中心度高的独立董事对非效率投资起到了抑制效应，既有效抑制了过度投资，也缓解了公司的投资不足。柳建华等（2015）从

上市公司董事会的权限设置的视角分析了投资效率，研究表明，公司董事会权限的降低有助于企业过度投资行为的抑制，但权限设置不宜过低，否则会引发投资不足。

③管理层权力。Jensen 和 Meckling（1976）研究了代理成本与公司治理的关系，发现在公司股权比较分散时，由于股东降低了对管理层的监督，会导致管理层利用职权进行利己主义的投资活动，从而使得代理成本增加。Fama（1980）研究了代理问题和公司理论，认为管理层的权力因董事会规模的增大会受到一定约束，从而会对企业的投资活动起到监督和控制作用。Lipton 和 Lorsch（1992）等研究发现，管理层的权力会因两职兼任而增加，对企业非效率投资行为产生一定的作用。Hadlock（1998）研究了管理层持股、流动性与投资的关系，指出管理层权力随着他们所持有企业的股份增加而扩大，从而会产生个人利己主义行为，增加企业的非效率投资。Richardson（2006）指出，独立董事比例的增加会降低管理层的权力，能起到对管理层进行有效监督的作用，从而较好地约束企业的投资行为，抑制企业非效率投资。谢佩洪和汪春霞（2017）分析了不同生命周期制造业企业的管理层权力对投资效率的影响，得出的结论是：上市公司过度投资程度较严重，投资不足较常见，且过度投资和投资不足与上市公司生命周期呈现非线性关系。其中，管理层权力中的两职兼任对不同生命周期企业过度投资行为的影响不同，对成长期、成熟期和衰退期企业分别起到了加剧、缓解和无显著影响的效果。此外，管理层持股、管理层任职时间和股权结构对不同生命周期企业的影响不同。

④高管薪酬激励。对此问题的研究有两种不同的结论。一种是高管薪酬激励可以抑制公司的非投资效率，企业应当实施合理的激励机制。如 Wu（2005）等研究表明，管理层为了获得较高的个人利益会进行非效率投资，管理层激励会抑制非效率投资行为。Aggarwal 和 Samwick（2006）研究了投资、企业绩效和管理层激励之间的关系，研究发现，当管理层的薪酬与公司绩效紧密相连时，管理层会更加以公司利益为重从而提高投资效率，且良好的薪酬可以激励管理者，缓解管理层的自利行为，抑制过度投资提高效率。而当管理层薪酬激励不足时，他们就可能做出为了追求个

人利益的非效率投资行为，其自利动机将诱导管理层进行过度投资。刘怀珍和欧阳令南（2004）也得出同样的结论，管理层激励不足将会导致管理层的非效率投资，以增加他们的私人利益。辛清泉（2007）指出，当公司的薪酬契约不能激励经理人为公司努力工作而获得相应的补偿和激励时，经理的机会主义行为就会产生，可能导致过度投资行为，但薪酬过低导致投资不足的证据极其微弱。吕长江和张海平（2011）的研究表明，我国上市公司投资不足和投资过度的状态并存，股权激励方案的推出不但有助于减少企业的投资不足行为而且起到了抑制企业过度投资行为的作用，降低了企业的非效率投资。

另一种观点认为，管理层薪酬激励并不能抑制过度投资。如 Bebchuk 和 Fried（2003）认为，企业由于管理层权力的存在，高管薪酬激励对投资效率的正向效应不完全有效。这是由于一方面权力越大的管理层对投资项目的决定权就越大，为了个人私利，他们可能做出损害公司利益的行为，导致非效率投资。同时，公司业绩的下降会影响到他们的薪酬，所以管理层会在降低的薪酬和个人利益之间进行权衡；另一方面，管理层除了货币薪酬外，还拥有较多的隐性收益，如在职消费等，随着管理层权力的增大他们通过非效率投资获取隐性收益的便利性也增大，因而非效率投资行为可能会频繁发生。

⑤管理层自信和管理层背景。刘艳霞和祁怀锦（2019）以我国 2008—2017 年 A 股上市公司的数据实证研究表明，管理者自信不足可以抑制公司的过度投资和投资不足，相反，管理者过度自信强化了企业的过度投资和投资不足而降低了投资效率。李云鹤（2014）等研究发现，中国上市公司的过度投资，部分是源于管理者过度自信，部分是因为管理者滥用资源所致，产品市场竞争能够抑制这两类过度投资。

此外，姜付秀等（2009）的研究表明，董事长在学历、教育背景、年龄和工作经历上的个人背景特征显著影响了企业的过度投资，进一步研究发现，上述个人背景对国有控股企业和非国有控股企业的影响存在异质性。

（5）会计信息质量

已有文献主要从会计稳健性和盈余管理两个角度研究会计信息质量对投资效率的影响。

①会计稳健性。Biddle 等（2009）的研究发现，会计信息质量会显著影响企业的投资效率，越高的会计信息质量对投资不足和投资过度的抑制作用越强，对于那些披露更高质量会计信息的公司，其投资行为会更少地受到宏观经济波动的影响。Chen 等（2011）以非上市公司为研究样本，同样发现财务信息质量越高的企业投资表现得越好，其效率越高。袁振超和饶品贵（2018）以 2003—2014 年上市公司的数据为研究样本，实证检验了会计信息可比性对企业投资效率的影响，研究发现，会计信息可比性显著抑制了企业的过度投资和投资不足；在采用“投资—投资机会”敏感性分析时，得出相同的结论：会计信息可比性提高了投资效率，非国有企业效应更强。韩静等（2014）研究了会计稳健性、高管团队背景与投资效率的关系，实证结果表明：会计稳健性虽然起到了抑制过度投资的作用，但同时加剧了投资不足，国有企业表现弱于非国有企业。进一步研究表明，企业高管团队的任期、教育背景的异质性都会显著影响会计稳健性与公司非投资效率两者的关系，张悦玫等（2017）研究了融资约束、会计稳健性与企业非效率投资的关系，研究发现，企业的非效率投资行为显著受到了会计稳健性的影响，表现为既降低了投资不足也抑制了投资过度，但融资约束加剧了投资不足，抑制了投资过度；融资约束使得会计稳健性对过度投资的抑制作用加强了。

总体来讲，已有文献有关会计稳健性对过度投资的影响得出了较为一致的结论：会计稳健性对企业的过度投资行为起到了抑制作用。但会计稳健性影响投资不足的话题文献尚未得到一致的结论，如杨丹等（2011）、韩静等（2014）、朱松和夏冬林（2010）、Bushman 等（2006）和李青原（2010）等得出的结论是：会计稳健性加剧了企业投资不足，主要观点是认为，由于会计稳健性从整体上低估了企业的财务报表数据，包括利润表中企业的获利能力，这样就会使外部投资者对企业的投资更加谨慎，企业未来的融资能力和投资能力减弱，管理者在这种情况下容易放弃尽管风险高但净现值大于0的投资项目，从而加剧了投资不足。Hu等（2014）、张琛和刘银国（2015）持相反的观点，他们认为会计稳健性通过降低信息不对称程度进而减少了企业内外部信息沟通的障碍和市场摩擦，使得企业经营和投资的信息环境得以改善，投资不足情况随之得到缓解。

②盈余管理。Bushman与Smith（2001）的研究表明，企业的盈余管理行为使得企业会计信息质量下降，导致并加剧了企业外部利益相关者尤其是投资者与企业内部的股东和管理者之间的信息不对称，致使企业的投资效率下降。Savov（2006）通过德国上市公司的实证分析，发现盈余管理与投资支出存在显著的正相关关系。Beaver与William（2010）指出，企业盈余质量与利益相关者获取企业信息质量密切相关，进而影响企业投资者决策的制定。Mcnichols与Stubben（2008）认为，盈余管理会对公司内部的投资决策产生影响，上市公司的盈余操作行为会引起过度投资，但当会计违规受到调查或者被股东起诉后过度投资行为也随之消失。刘慧龙（2014）考察了决策权配置、盈余管理与投资效率三者的影响关系，得出的结论是：盈余管理对投资效率的作用并不总是降低效应，只有当决策制定权和控制权处于较低的分离程度时，盈余管理对投资效率的负向效应才发生。

此外程新生等（2012）从非财务信息的角度进行了投资效率分析，以上市公司自愿披露的未来发展的信息水平作为非财务信息的代理变量，发现非财务信息与投资效率的中介变量是外部融资，同时又受到外部制度约束的影响。Stoughton等（2017）的研究发现，非财务信息尽管缓解了投资不足但同时导致了过度投资；竞争使得企业获得更少的信息，投资变得更加低效率。Chen等（2019）研究考察了供应商的管理盈余预测报告的语言信息质量对供应商公司的投资质量（以投资效率衡量）的影响，结果发现供应商投资效率与客户先前管理盈余预测报告的语言信息质量显著正相关，并且供应商更高的语言信息质量改善了外部利益相关者（如机构投资者和金融分析师）对供应商公司的监测。

（6）企业避税

Desai和Dharmapala（2006）、Desai等（2007）认为，激进的避税补

充了管理租金提取的技术，并从俄罗斯公司得到了佐证。Blaylock（2016）调查了美国公司的股东在多大程度上受到租金提取的影响，得出的结论是：没有证据表明复杂性或萨班斯—奥克斯利法案缓和了企业未来的投资效率与避税之间的关系。刘行和叶康涛（2013）以中国上市公司 1999—2010 年的数据，研究了企业避税活动对投资效率的影响，结果发现：由于避税活动使得企业内部和外部信息不对称程度提高，代理问题加重，非效率投资随之产生，主要表现为避税引发了过度投资，但完善的公司治理机制可以起到抑制避税加剧过度投资的积极作用。

（7）EVA 评价体系

Rogerson（1997）从理论方面研究了经济增加值（EVA）作为业绩评价指标对公司经理人投资行为的影响，指出只要经理人的薪酬能够随着公司业绩的增加而增长，EVA 作为业绩评价标准可以促使经理人做出尽可能地有益公司和投资者的投资决策。Stern（2004）研究了公司治理、EVA 和股东价值之间的关系，结果表明，将 EVA 业绩评价应用于经理人薪酬激励系统，能够制约那些不能够增加股东价值的过度融资和投资行为，有助于提高企业价值和效率。张先治和李琦（2012）研究了 EVA 业绩评价对央企过度投资行为的影响，表明 EVA 业绩评价体系能够促进经理人按照股东的目标进行投资决策，缓解代理问题，从而有效抑制企业过度投资行为。刘凤委和李琦（2013）分析了 EVA 评价体系的实施对央企投资效率的影响，结果表明，EVA 的实施使得央企的投资效率显著提高了，降低了其过度投资行为，此效应在竞争度越高的行业表现得越强。

此外，Rozenbaum（2019）的研究发现，经理人若使用 EBITDA 作为评价指标将会导致过度投资和较高的财务杠杆。

（8）企业风险承担和内部控制

夏子航等（2015）从企业风险承担的角度考察了母子公司债务分布的治理效应，研究发现投资不足和过度投资均加剧了公司的风险承担水平，经营业务主要分布在子公司的上市公司，子公司借款比重的提高能够显著降低公司整体的风险承担水平，进一步研究发现，影响债务分布对风险承担的两条路径分别是抑制过度投资和投资不足，前者在国有企业中更为明显，民营企业主要是通过后一路径发挥影响。李万福等（2011）实证考察了企业内部控制对投资效率的影响，研究结果表明，内部控制的低质量既能加剧公司的过度投资，也加剧了公司的投资不足。

（9）银企关系

翟胜宝（2014）以民营上市公司为研究样本，实证分析了银企关系对公司投资效率的影响，结论是：银企关系有助于改善上市公司的投资效率，相对于市场化程度较高的地区，市场化程度低的地区上述关系效应更强。

2.2　经济政策不确定性的文献回顾

本部分主要从经济政策不确定性的概念和度量、经济政策不确定性对企业融资、投资和其他经济行为的影响展开文献回顾。

2.2.1　经济政策不确定性的概念和度量

（1）经济政策不确定性的概念

美国经济学家富兰克·H. 奈特（Frank H. Knight）在 1921 年出版的《风险、不确定性和利润》（*Risk*, *Uncertainty and Profit*）一书中认为，风险是指“可度量的不确定性”，而“不确定性”是指不可度量的风险。于是不确定性与风险就联系在一起。之后有学者将不确定性和风险进行了严格的区分，如 Arrow 和 Debreu（1954）、Jurado 等（2015）等。

经济政策包括宏观政策、产业政策和金融政策等，经济政策不确定性属于不确定性在经济政策层面的表现。Brogaard 和 Detzel（2015）的研究定义了经济政策不确定性，他认为由政府或管理当局所制定的有关财政、货币、监管等政策的非持久性和不确定性都可以称为经济政策不确定性。陈国进（2017）将经济政策不确定性事件的范围扩展为未来政策变迁的内容、政策变迁的可能性或频率、政策执行方式的变迁以及政策执行效果的改变等。

（2）不确定性的度量

学者们从不同角度构建了不确定性指标，主要从环境不确定性和经济政策不确定性两个视角进行了度量。

①以标准差或方差指标度量环境不确定性。较多文献以宏观经济变量的条件方差或者反映企业经营业绩的标准差来度量不确定性，认为标准差或者方差越大，不确定性就越高。如 Leahy 和 Whited（ 1996）认为股票收益的波动能够描述企业环境的变化；Bulan（2005）、Panousi（2012）、徐倩（2014）、吴锡皓和胡国柳（2015）等以上市公司周市场回报率对周个股回报率的回归方程的残差度量不确定性；Ghosh 与 Olsen（2009）、王爱群和唐文萍（2017）、申慧慧等（2012）、王东清和刘静静（2018）、廖义刚和邓贤琨（2006）、彭若弘和于文超（2018）、陈峻和张志宏（2016）运用企业过去 5 年经行业调整后的销售收入的标准差衡量公司的环境不确定性；Bollerslev 等（2014）将风险中性测度与真实测度下的期望方差的差额定义为方差风险溢价来度量不确定性；Jiang 和 Tian（2015）以及 Carr 和 Wu（2009）等采用了类似的度量方法；王义中和宋敏（2014）基于 GARCH 估计得到的误差条件方差度量了不确定性，分析了宏观经济不确定性对公司投资的影响；Fennandez - Villaverde 等（2015）、Born 和 Pfeifer（2014）等通过在 DSGE 模型中引入政策波动冲击度量不确定性。

②以政治事件指标度量经济政策不确定性。Julio 和 Yook（2012）以政治选举年份作为经济政策不确定性研究的代理变量，基于全球范围的政治选举作为经验证据，考察了政府换届对实体经济的影响，发现政治不确定性会显著抑制投资；Goodell 和 Vahamaa（2013）以政府主要官员竞选衡量了经济政策不确定性；Jens（2017）、Waisman 等（2015）也以政治事件度量了不确定性。国内学者贾倩等（2013）研究了地方政府官员变更对企业投资的影响，如杨海生等（2014）、陈艳艳和罗党论（2012）、陈德球（2016）、钱爱民等（2016）等采用了各级地市政府官员的变迁或者换届作为不确定性的变量，分析了经济政策不确定性对经济行为的影响。

③文本分析指标度量经济政策不确定性。经济心理学研究表明，当不确定性升高时，媒体相关信息的报道量会增加，相关信息的搜索量会随之增加（Liemieux 和 Peterson，2011），因此，可以通过媒体的报道量和关键词的搜索量反映不确定性（Gentzkow 和 Shapiro，2010；Hoberg 和 Phillips，2010；Alexopoulos 和 Cohen，2015；Baker 等，2016）。其中，被文献广泛引用的 Baker 等（2016）指数，是以媒体报纸杂志的报道和关注度为依据经过文本分析而来构造的经济政策不确定性指数（Economic Policy Uncertainty，EPU），该指数（EPU）是由 Scott Baker（美国西北大学）、Nick Bloom（斯坦福大学）以及芝加哥大学的 Steven Davis 和 XiaoXi Wang 开发得到的。而中国的 EPU 指数不同于美国的 EPU 指数，只由新闻指数构成，是通过统计《南华早报》与政策相关事件的文章频次计算得到的，《南华早报》（South China Morning Post）是中国香港特区最具报道权威性、发行量最大的英文报纸。Baker 等（2016）指数被学者广泛用于度量经济政策不确定性，如 Gulen 和 Ion（2016）、刘贯春等（2019）、张思成和刘贯春（2018）、饶品贵等（2017）、李凤羽和杨墨竹（2015）、陈德球等（2017）、陈国进和王少谦（2016）、谭小芬和张文婧（2017）等的研究。Huang 和 Luk（2018）发布了中国经济政策不确定性月度指数，是基于中国内地如《北京青年报》等 10 份报纸，与 Baker 等（2016）指数类似，也是通过对报纸文章中关键词的搜索开发编制而成，潘攀等（2020）的研究采用了该指数。

此外，情绪指数和问卷调查也被用于度量不确定性。情绪指数是反映投资者信心或者情绪的指数，认为当不确定性提高时，市场投资者的恐慌情绪也上升。如美国密歇根大学消费者情绪指数、摩根富林明投资者信心指数以及中国台湾地区世新大学股票投资人情绪指数等。国内央行的景气指数是通过问卷调查，搜集参与者对未来的判断，构造不确定性指标。

不确定性的各种度量方法有特定的适用条件和一定的局限性。

在统计上，方差可以度量不确定性，基于真实宏观的金融市场和经济数据的波动度量的不确定性，数据质量和可信度都是较高的，但由于市场噪音引起的波动可能与经济政策不确定性不相干，而且经济政策不确定性具有多维度信息含量。此外，基于企业微观层面的业绩波动率更多是反映企业经营的不稳定，而不能真实反映外界环境的不确定性，因此该方法的缺点是无法有效建立市场波动性与经济政策不确定性的对应关系。

政治事件指标被国内外学者用于不确定性的代理变量，但是政治事件是特定的，缺少连续性和时变性，不能动态反映政府在非变更年度或者非选举年份的经济政策不确定性。

问卷调查法和情绪指数可以充分发挥被调查对象对不确定性的主观判断力，且噪音相对较少，但是容易受到被调查对象的个人能力、选择性偏差以及调查主体特征等因素的影响，在我国起步较晚，应用不多。

Baker 等（2016）运用的文本分析法，以中国香港特区发行量最大的英文报纸《南华早报》为统计对象，通过统计与中国经济政策不确定性相关报导的报纸每月刊发的文章数量，除以该报纸刊发的总报道数量，构造了 EPU 指数，并严格证明了该指数的有效性。EPU 指数与最新经济政策紧密相关，可以动态、全面、定量反映一国经济政策的不确定性，因此被广泛应用。本书也采用这一指标反映我国经济政策的不确定性。

2.2.2 经济政策不确定性对企业融资行为的影响

本部分的文献回顾主要包括：经济政策不确定对企业负债融资、融资成本、资本结构动态调整和现金持有行为的影响。

（1）负债融资

Zhang 等（2015）指出：随着经济政策不确定性程度的提高，企业的外部融资环境恶化，企业的资本结构（资产负债率）出现了下降。Bordo 等（2016）分析了美国经济政策不确定性对银行信贷增长的影响，结果发现前者对后者产生负向作用，较高的经济政策不确定性水平会通过银行信贷渠道阻碍经济复苏的进程。Valencia（2017）基于美国商业银行 1984 年至 2010 年的季度数据分析，得出了相同的结论：不确定性的增加对银行贷款的增长有显著抑制作用。国内学者段梅（2017）的研究发现，经济政策不确定性的上升降低了企业新增借款，尤其对银行短期借款的影响更为显著。沈悦和马续涛（2017）以我国 77 家商业银行为研究样本，发现银行信贷供给随着经济政策不确定性的增大而降低，两者的负向效应与银行的微观特征如流动性、资产规模等密切关联。纪洋等（2018）从所有权性质角度分析了经济政策不确定性对企业杠杆率的影响，发现经济政策不确定性对非国有企业的杠杆率是负向影响，但国有企业的杠杆率会随着经济政策不确定性的提高呈现出上升的趋势，这种差异在金融抑制更强的地区表现得更加明显。蒋腾等（2018）的研究也发现经济政策不确定性对企业获得的银行贷款的影响是负向的，且较高的预期通货膨胀会加剧两者的负向效应，但银行关联会对两者的负向关系起到抑制作用，作者进一步从高融资约束、产业政策支持、周期性和市场集中度等方面进行了异质性分析。宫汝凯等（2019）的研究表明，经济政策不确定性对企业杠杆率具有显著的负向效应，此效应在民营、小规模企业等的表现更为明显，但会随着地区市场化水平的提高、对外开放度的扩大和民营化改革的推进而显著降低。罗丹和李志骞（2019）的研究发现，企业获得的融资金额随着经济政策不确定性的增加而降低的主要渠道是通过债务融资产生影响的，而对股权融资的影响并不显著。倪国爱和董小红（2019）也得出了相似的结论，并进一步研究了会计稳健性对经济政策不确定性与债务融资显著负相关的调节效应，结论是会计稳健性有助于缓解两者的负相关关系，且民营企业的缓解效应强于国有企业。

总之，对于负债融资，研究文献得出了较一致的结论：经济政策不确定性抑制了企业的负债融资规模。

（2）融资成本

国外学者 Francis 等（2014）和 Waisman 等（2015）探讨了经济政策不确定性对企业银行借款和负债融资成本的影响。

国内学者得出了不一致的结论：一种结论是经济政策不确定性提高了企业的融资成本。如罗党论和佘国满（2015）将地方官员变更作为政策不确定性的代理变量，分析了其对地方债务的影响，结论是地方政府官员变更显著增加了地方债的发债成本。宋全云等（2019）以某省份银行有关企业贷款数据为样本，实证分析了经济政策不确定性对企业的银行借款融资成本的影响，发现随着经济政策不确定性的提高，银行贷款成本也随之提高，尤其是小微企业和私营企业的影响效应更加显著。另外一种结论是：经济政策不确定性降低了企业的融资成本。如吴伟军和李铭洋（2019）以2006—2018年非金融业上市公司为研究对象，实证分析了中国经济政策不确定性对企业债务融资成本的影响，融资成本以利息费用率度量，得出结论：经济政策不确定性降低了企业实际的债务融资成本，此效应在国有企业中更为显著。

（3）资本结构动态调整

有关经济政策不确定性影响资本结构动态调整，文献基于不同视角的研究得出的结论也不同。Zhang等（2015）以中国上市公司为研究对象，进行了经济政策不确定性影响企业资本结构的路径分析，但文中并未对资本结构调整速度进一步展开分析。王朝阳等（2018）从企业和银行不确定性规避的视角，以供给和融资需求为出发点，构建了一个逻辑框架以阐释经济政策不确定性对企业资本结构动态调整的影响，并进行了实证检验，实证得出的结论是：资本结构动态调整受到经济政策不确定性的阻碍主要是由于不确定性规避所致。顾研和周强龙（2018）从财务柔性价值的角度进行了经济政策不确定性对企业资本结构动态调整的影响分析，结果表明：高于目标财务杠杆的企业，资本结构调整速度随着财务柔性价值的提高而提高，且政策不确定性与财务柔性价值显著正相关；相反，当企业实际的杠杆率低于目标杠杆率，政策不确定性通过财务柔性价值使得资本结构调整速度下降。李爽和裴昌帅（2019）以A股上市公司1999—2016年的平衡面板数据，分析了经济政策不确定性与公司资本结构的动态调整关系，研究发现两者是非线性关系，当经济政策不确定性较高时，资本结构动态调整速度变慢，市场化程度较低的中西部地区和制造业上市公司的资本结构调整速度对经济政策不确定性的敏感性更高。

（4）现金持有行为

文献有关经济政策不确定性影响企业现金持有量的研究，得出的结论基本是相同的：企业现金持有量会随着经济政策不确定性的提高而随之增加，Duong等（2017）、梁权熙等（2012）和王红建等（2014）的研究都支持了这一观点。李凤羽和史永东（2016）也得出了类似的结论，他们的研究不仅分析了经济政策不确定性上升对增持现金的影响，还通过中介效应分析识别出增持现金的具体来源，其中一部分来自放弃当前的投资机会。张光利等（2017）通过上市公司现金持有水平和速度的研究发现，受到经济政策不确定性增大的影响，企业的现金持有水平和速度也显著增加，且在非国有企业中，经济政策不确定性对现金持有影响更显著，政治关联和银企关系能够起到缓解两者正向关系的作用。陈艳艳和程六兵（2018）在分析了经济政策不确定性影响企业现金持有行为的基础上，以高管背景作为调节变量进行了进一步的分析，发现高管层中无政府工作经历的那些民营企业的现金持有对经济政策不确定性的敏感性更高。

2.2.3　经济政策不确定性对企业投资行为的影响

本部分主要从投资规模（经营投资、金融投资、研发创新投资）以及投资效率进行了经济政策不确定性影响企业投资行为的文献回顾。

（1）经营投资

不确定性对企业经营投资的影响有两种相反的研究结论。一种结论是基于扩张型实物期权理论，该理论强调不确定性的“好消息”对投资产生影响，而“坏消息”对企业的损失微乎其微，企业仅以投资动机所引发的初始投资和研发支出作为损失的上限，所以当不确定性发生时，管理层和投资者会更加关注新增投资所带来的未来市场占有率和预期利润，随着不确定性的上升企业会增加投资支出（Segal 等，2015），甚至由于管理决策者认知的偏差可能会导致过度自信，造成过度投资。一些文献支持了这一结论，其主要观点是：不确定性程度的增加会带给投资者投资机会，未来的潜在利润便成为投资者关注的焦点，并会做出增加当期投资的决策（Bar－IIan 和 Strange，1996；Segal 等，2015），即投资的“Oi-Hartman-Abel 效应”，此效应认为企业具备依据外界环境变化做出快速调整投资规模的能力（Oi，1961；Hartman，1972；Abel，1983）。

另外一些学者强调了不确定性中隐含的“坏消息”的影响，认为由于资产的专有性导致投资的不可逆性以及不对称调整成本的增加，当企业面临不确定性上升时，管理层很难精确评估未来的投资项目，投资风险增大，为了将损失降到最低，应该做出暂时延缓、等待或者削减投资活动的决策，直至当政策和环境明朗后，当更多的有关投资决策的信息被披露后再做出是否进行投资的决策。因此，不确定性的上升实际上会延缓企业的投资（Pasto 和 Veronesi，2012；Bernanke，1983；Gulen 和 Ion，2016；Baker，2016；Kang 等，2014）。其中，Baker 等（2016）基于他们构造的经济政策不确定性指数，实证研究发现：经济政策不确定性使得美国的GDP、民间投资和工作岗位都出现了显著下降，对于更依赖政府支出的行业如国防行业，经济政策不确定性对岗位就业人数、投资规模的抑制作用更为明显。

此外，一些文献基于等待型实物期权理论，从不同的视角进行了机理分析，他们普遍将企业的投资视为一份基于未来现金流的实物期权，建立在投资不可逆性的假设之上，得出的结论是：经济政策不确定性的上升导致了企业投资水平的下降，但传导机制不同。如 Gilchrist 等（2014）的研究发现，不确定性影响投资主要是通过信贷利差的变动进行传导，金融扭曲是主要传导机制。李凤羽和杨墨竹（2015）得出结论：随着中国经济政策不确定性的上升，企业的投资支出下降，投资的不可逆程度、所有权性质、学习能力、股权集中程度等都是经济政策不确定性抑制投资的作用因素。谭小芬和张文婧（2017）认为，经济政策不确定性对投资抑制的传导机理有金融摩擦理论和实物期权理论，他们认为整体来看，实物期权占据主导地位，但个体来看，金融摩擦渠道对外部融资约束程度越大的企业效应更强。陈国进和王少谦（2016）研究发现，企业投资规模的缩减受到经济政策不确定性影响主要的传导渠道是资金成本和边际收益率，认为资本成本的上升会抑制投资，资本边际收益率的提高会促进投资。张成思和刘贯春（2018）的研究发现，企业固定资产投资、杠杆率同经济政策不确定性变动方向相反，进一步研究了经济政策不确定性导致企业投资规模下降的渠道，其中债务融资成本的渠道没有通过实证检验。刘贯春等（2019）从经济政策不确定性上升增加项目投资收益率波动的视角构建了理论，并以 2007—2017 年季度数据对该理论进行实证检验，研究表明经济政策不确定性抑制了企业固定资产投资，此效应与行业资产可逆性程度有关，可逆程度越高，经济政策不确定性对固定资产投资的抑制作用越弱。

（2）金融投资

金融资产投资受经济政策不确定性影响的研究结论有两种：

①经济政策不确定性促进了金融资产投资。如 Tornell（1990）认为，企业在面临不确定性时，会选择流动性较强的金融资产而非固定资产进行投资。陆婷（2018）实证分析了经济政策不确定指数对企业短期金融资产配置的影响并进行了机制分析，研究表明，两者表现为显著正相关，短期金融资产规模随着经济政策不确定性的提高而增加，但并非替代效应所致，而是由于融资约束、企业之间资金融通的结果。

②经济政策不确定性抑制了金融投资。如许罡和伍文中（2018）以 2002—2016 年中国 A 股上市公司的金融资产投资为研究对象，分析了经济政策不确定性对其的影响，得出的结论是：经济政策不确定性对公司金融投资起到了抑制作用，主要是由于市场套利空间被压缩所致，且经济政策敏感性强的企业这种抑制效应更明显。彭俞超等（2018）以 2007—2015 年沪深上市公司为研究对象，分析了经济政策不确定性与企业金融化的关系，发现前者对后者有显著的抑制作用，不仅表现为金融资产投资总量的抑制，还对金融资产配置结构产生了影响，中西部地区和竞争激烈的行业表现得更为突出。

（3）研发创新投资

经济政策不确定影响企业研发创新投资的研究有两种不同的结论：一是经济政策不确定性促进了企业的研发创新投入；二是经济政策不确定性抑制了企业的研发创新投入。

①经济政策对研发投入的促进作用。Knight（1921）分析了企业风险和不确定性对利润的影响，他的观点是，如果企业可以预测未来的变动，处于无风险和确定性的状态，那么企业就无盈利，而不确定性是构成企业利润的主要来源，企业家是创新活动的决策者和投资者，因此未来的不确定性会促使企业家增加创新投入。Bloom（2007）研究了不确定性对企业

R&D 活动动态调整的影响，研究表明，尽管企业投资、就业和生产率等方面受到不确定性的影响并带来短暂的冲击，但是基于不同活动调整成本特征的差异，对 R&D 的影响不同于其他经济活动。Atanassova 等（2015）实证分析了美国州选举（作为政府政策不确定性的外生变化）对企业 R&D 活动的影响，发现两者是正向关系，且在政治敏感度高、市场竞争激烈的行业和选举年份两者的正向效应更强。国内学者孟庆斌和师倩（2017）通过实证分析发现，经济政策不确定性可以激励企业通过研发活动以谋求自我发展，且经济政策不确定性对易受政策影响的企业研发投入的促进效应增强。顾夏铭等（2018）的研究也得出了类似的结论，其进一步从金融约束、所有权性质和政府补贴等角度分析了经济政策不确定性与创新两者的关系。

②经济政策对 R&D 的抑制效应。Marcus（1981）的研究得出结论：政策不确定性会导致诸如发电技术等能源行业的技术创新滞后，对企业创新活动有抑制效应。Schwartz（2003）将 R&D 投资和专利看作一般的投资活动，得出结论：经济政策不确定性抑制了企业的 R&D 投资。Bhattacharya 等（2017）认为，政策不确定性和政策本身都会影响企业的创新投入，政策不确定性对企业创新的阻碍是由于企业对未来政策的适应不知所措所致。郝威亚等（2016）基于实物期权理论实证检验了经济政策不确定性对企业创新的影响，实证结果支持了其理论和假设：经济政策不确性抑制企业研发投入，延迟企业创新活动，并对不同融资约束和所有权性质企业的影响具有异质性。亚琨等（2018）以 2009—2016 年中国 A 股上市公司为研究样本，实证分析了企业金融资产配置对创新投资的影响及作用机理，并研究了经济政策不确定性对金融资产配置与创新投资关系的调节作用，结果表明，金融资产配置抑制了企业的创新活动，对企业金融创新具有挤出效应，经济政策不确定性加剧了其挤出效应，金融资产的“替代”动机显著，此效应在市场竞争程度低和非高新技术企业更加显著。张峰等（2019）以中国 A 股 2004—2016 年制造业上市公司作为样本，研究发现经济政策不确定性显著促进了制造业转型于服务业，提升了服务业的业务比重，同时经济政策不确定性显著降低了产品创新，对创新性高的突破式创

新的抑制尤为显著。

(4) 投资效率

已有有关经济政策不确定性影响企业投资效率的研究文献甚少，但得出的结论并不一致。饶品贵等（2017）的研究表明，经济政策不确定对企业投资规模的影响是负向的抑制作用，但对企业投资效率起到了积极的提升作用，表现为显著抑制了企业过度投资和投资不足行为。李佳霖等（2019）的研究表明，经济政策不确定性对投资不足企业的投资效率起到了恶化作用，改善了过度投资企业的投资效率。杨志强和李增泉（2018）的研究结果表明，经济政策不确定性强化了企业的非效率投资。

2.2.4 经济政策不确定性对企业其他经济行为的影响

少量文献从风险承担和收益率方面进行了经济政策不确定性对经济行为的影响分析。

(1) 风险承担

经济政策不确定性对风险承担的影响，现有文献主要基于银行和企业两个视角进行了研究。

①基于银行的风险承担的视角，如 Calmès and Théoret（2014）得出的结论是：经济政策不确定性的增大会加大银行系统性风险。马续涛和沈悦（2017）、郝威亚等（2017）的研究得出了类似的结论，经济政策不确定性显著增加银行的风险承担，但并未进一步探讨此效应对企业投资的影响。潘攀等（2020）以我国上市公司 2012—2018 年的季度数据为样本，研究了经济政策不确定性通过银行风险承担进而影响企业的投资行为，研究发现：从表外业务来看，经济政策不确定性通过减少影子银行规模降低了企业投资；但从表内业务来看，经济政策不确定性通过促使银行放宽贷款审批条件从而增加了企业贷款规模，进而增进了企业投资。

②从企业风险承担的角度，如刘志远等（2017）实证检验了经济政策不确定性对上市公司风险承担的影响，得出的结论是经济政策不确定性提升了非国有企业的风险承担，但对国有企业的影响并不显著；同时研究发

现，无论是国有企业还是非国有企业，股权集中度都显著降低了经济政策不确定性对企业风险承担的正向效应。薛龙（2019）的研究得出了相反的结论：随着经济政策不确定性的提高企业风险承担能力显著降低，在小规模和成长性差的企业更加明显。

（2）经济政策不确定性对收益率的影响

邓美薇（2019）探讨了经济政策不确定性如何影响企业的短期和长期业绩（收益率），结论是经济政策不确定性对企业短期绩效起到了负向影响，但对长期绩效具有激励的作用。Brogaard 等（2015）研究了全球 21 个国家的政策不确定性对股票收益率及波动性的影响，结果表明，政策不确定性是不可分散风险，政策不确定性上升导致了全球股票收益率的下降，且该效应具有持久性特征。邓晓萌（2019）分析了经济政策不确定性对企业股票未来收益率的影响，研究表明两者存在显著的负向关系，其研究进一步分析了作用渠道，发现折现率是经济政策不确定性影响未来回报率的主要渠道。

2.3 文献述评

有关影响企业投资效率的宏观和微观因素，以及经济政策不确定性所带来的经济后果，国内外文献已经做了充足的且详尽的研究，取得了丰硕的成果，为本书的进一步研究提供了参考和现实基础，通过文献的回顾和梳理，述评如下：

2.3.1 投资效率的文献述评

Jensen（1986）提出了理论过度投资，即认为过度投资是使企业的净现值（NPV）为负的投资，后期学者基于 Jensen（1986）提出的理论过度投资和投资效率的概念，通过构建模型对其进行度量，主要模型有：

①引用 Fazzari（1988）和 Vogt（1994）模型，依据“投资—现金流敏感性”或“投资—投资机会敏感性”进行度量。

②引用 Richardson（2006）和 Biddle 等（2009）模型回归，以回归模型的残差度量。

自 Richardson（2006）回归模型建立以来，引用此模型度量并分析上市公司的投资效率是近十几年实证分析的热点之一，已有文献对能够影响企业投资效率的宏观和微观因素做了非常丰富的研究，尤其探讨了应如何抑制企业的过度投资行为。影响企业投资效率宏观层面的文献主要从以下几个方面展开了分析：环境不确定性、货币政策、法治环境、地方政府干预、产业政策等；影响企业投资效率微观层面的文献主要包括：自由现金流、负债融资和融资约束、股利政策和现金分红、公司治理、会计信息质量、企业避税、EVA 评价体系、企业风险承担和内部控制、银企关系等。

Richardson（2006）回归模型成为近十几年文献度量投资效率的主流模型。该模型通过计算企业实际投资规模与模型所预测的投资规模的偏离度来度量投资效率，即从投资规模的角度度量投资效率，而文献对于投资效率的定义无一例外的都是引用 Jensen（1986）对投资效率的理论定义——“过度投资是净现值为负的投资”，此定义是从投入产出角度的视角展开。已有文献有关投资效率的定义和模型度量的角度并不统一，模型能否真正反映企业实际和理论的投资效率，目前尚无文献对此问题进行探讨和分析。

2.3.2　经济政策不确定性的文献述评

现有文献主要从以下几个方面进行了经济政策不确定性的经济后果的研究：

①经济政策不确定性影响企业融资行为的文献主要从债务融资、融资成本、资本结构的动态调整、企业现金持有等进行研究。其中经济政策不确定性对债务融资的影响成为文献研究的焦点，文献无论从银行还是企业角度皆得出了一致的结论：银行借款（负债融资）随着经济政策不确定性

的提高而下降。

②经济政策不确定性对企业投资行为的影响包括投资规模和投资效率，其中对投资规模的影响是研究的主流，无论是经营投资、金融投资还是研发投资文献已经做了较丰富的研究，皆得出了两种完全不同的结论：第一种结论是经济政策不确定性对企业三方面的投资活动（投资规模）具有正向影响；第二种结论是经济政策不确定性抑制了企业的投资规模。有关经济政策不确定性影响企业投资效率的文献甚少，饶品贵等（2017）、李佳霖等（2019）、杨志强和李增泉（2018）引用 Richardson（2006）回归模型做了研究，但得出了不一致的结论，且尚无文献进行传导机制分析。

③学者们采用了不同的度量方法对经济政策不确定指标进行度量，如政治事件指标、反映经济变量波动的标准差等，这些指标在前期都被较广泛地用于度量经济政策的确定性。自 Baker 等（2016）经济政策不确定指数发布以来，由于该指数与最新经济政策紧密相关，可以动态、全面、定量反映一国经济政策的不确定性，因此被广泛地应用，近几年来较多文献采用此指数来度量各国的经济政策不确定性，本书也采用这一指标反映经济政策的不确定性。

2.3.3 本书的研究方向和视角

投资效率是企业价值增值的关键，经济政策不确定性是企业生存和发展无法改变和面临的永恒话题，已有少量文献通过引用 Richardson（2006）回归模型分析了经济政策不确定性对投资效率的影响，但得出了不一致的结论，且文献并未对经济政策不确定性影响投资效率的作用机制进行研究。Richardson（2006）回归模型将大于 0 的残差定义为“过度投资”，不等同于研究中试图要度量的“使得企业净现值为负的投资”，此模型所度量的“过度投资”是高于行业平均投资规模的投资，其对投资效率的界定本质上是从投资规模的角度，与研究中投资效率的定义（Jensen，1986）是不统一的。

本书通过有关投资和投资效率相关理论的分析，从投入产出的角度，基于“投资效率＝投资收益率/资本成本”对投资效率进行明确定义，并基于此定义通过构建模型重新度量了企业的投资效率，实现了投资效率的概念和模型度量的统一，在此基础上进行了经济政策不确定性影响企业投资效率的分析，并从影响投资效率的收益率和加权资本成本两大视角进行了作用机制分析。

第3章

理论基础和基本概念

本章包括投资和投资效率的相关理论、经济政策不确定性的相关理论、效率和投资效率相关概念的回顾，以及在此基础上本书对投资效率概念的界定。

3.1　投资和投资效率的相关理论

投资活动是企业财务管理的重要环节，企业如何进行投资决策获得大于零的净现值（NPV），需要一系列理论和定量模型框架的指导。投资理论是一系列有关描述投资活动的产生和发展，并为投资决策提供成本收益分析的基本原理和体系方法，投资理论是指导经济主体进行投资项目的未来投入产出活动预测和决策选择的理论依据，以及分析模型的思想及方法体系。

投资是面向未来的决策活动，面临很多不确定性，不同的社会体制、宏观环境、制度的变迁、金融市场化程度等都会影响投资效果，因此投资过程的风险性评价和项目的可行性分析将一直贯穿投资的全过程。个体优化行为如何达到产业均衡和总体经济的均衡，投资如何与宏观经济周期相协调和关联，以及这些均衡的动态性等一直都是经济学家研究的重点。

3.1.1　现代投资理论

现代投资理论可以追溯到20世纪30年代初期世界经济大萧条，企业和社会公众的投资信心受到了极大的打击，投资主体发生了很大的改变，凯恩斯主义诞生了，凯恩斯及其后继者提出了投资乘数和加速器效应，创立了总量投资理论。他们主张通过刺激需求引诱投资，以实现充分就业的长期国策，新的投资理论改变了“经济人作为投资主体”的经典见解。这一时期先后出现了凯恩斯学派、后凯恩斯学派以及新古典学派等，他们对投资理论的发展做出了突出的贡献。20世纪60年代，新凯恩斯与新古典流派之间（代表人物分别为艾思纳和乔根森）的学术激战，将投资理论的研究推向了高峰。其中，首次在投资分析中引入了机会成本、边际原则等基本理念的新古典理论，开拓了投资主体进行定量投资决策分析评价的新思路。随着资本市场的发展，托宾 Q 理论和有效资本市场理论等将企业的市场价值与投资行为联系起来，于是现代资本市场理论成为指导资本市场投资的另一新思路。

（1）凯恩斯的投资理论

1936 年凯恩斯的《就业、利息和货币一般理论》提出了投资引诱理论，首次把投资作为一个重要的自变量纳入到国民收入一般均衡模型中，标志着西方投资理论的研究步入了现代研究的发展阶段。构成就业通论最重要内容的投资引诱理论提出了一个重要的观点是：只有在资本资产的预期收益大于其供给价格的条件下，投资对资本家才能产生引诱作用，资本家也才能对投资产生兴趣并继续投资。按照凯恩斯的理解，若将资产的供给价格看作是预期的资产重置成本，则当投资的资本边际效率大于利率时资本家才能进行投资，也就是说预期收益率的资本边际效率如果大于市场利率，投资者就会从投资中获利，进行投资或扩大投资规模。反之，若资本边际效率小于市场利率，投资者就会产生亏损，减少甚至停止投资。举例来说，当投资者进行某项设备投资时，他首先要权衡设备在寿命期内的净利润，即计算设备在预期报废之前，逐年所获得的收益按照一定的贴现率计算的折现值，减去该设备的重置成本（供给价格）。其中，资本边际效率尤为重要。资本边际效率就是以复利为折现率所计算的企业投资预期可赚得的利润率，是由以折现率计算的预期未来收益 R 和购置资产的成本 C 决定的，资本边际效率 $I = (R - C) / C =$ 净收益/成本。资本边际效率随着投资量的增加而递减，是投资量的递减曲线。

凯恩斯从两个角度解释了资本边际效率递减的原因。首先，成本随着投资的不断增加而增加得更快，这样就会使投资的预期利润和利润率出现递减的趋势，因为同一台机器设备生产相同数量的同种产品，后期所花费的成本费用会更多。其次，由于产品数量随着投资的增多而增多，因此从市场供求角度来看，产品供给数量的增多势必引发其市场价格的下降，导致投资的利润率下降。凯恩斯又进一步指出，资本成本的上升是导致资本边际效率递减的短期原因，长期原因是资本的不断投入，导致其存量的大量积累，致使企业可供选择的未来投资机会越来越少，造成了资本对劳动的边际替代率递减。资本边际效率递减的规律易导致资本家对未来缺乏信心，引发投资不足。

凯恩斯认为，预期资本的边际效率是投资决策的依据，其观点综合考虑了投资的产出（预期收益）和投入（购置资产的成本），是本书从投入产出的角度对投资效率进行定义和模型构建的重要理论基础。

（2）投资的加速器理论

投资加速器理论由克拉克提出后经萨米尔森等人发展，是说明消费或收入的变动对投资变动影响的理论。该理论主要观点是投资主要由产出的变化决定，受预期收入变动量的影响，而不取决于预期收入的绝对量影响。其基本内容是：国民收入或生产水平影响社会资本品需求总量，社会资本品需求总量是两者的函数，消费品需求量和收入的增长必然导致“引致投资”，相对于消费品需求量增长率，资本品总量的增量即净投资增长速率会呈现出加速增长。因此，消费品需求量增长率的相对下降从某种程度来讲会带来经济衰退。投资加速器理论公式的推导过程如下：

若 K 表示资本存量，O 是产出水平，则 $W = K/O$ 是资本与产出的比，$K = W \cdot O$。如果一个国家起初的资本存量为 K_1，产出水平为 O_1；期末资本存量为 K_2，产出水平为 O_2，又已知 $K_1 < K_2$，$O_1 < O_2$，则：

$K_2 - K_1 = W \cdot (O_2 - O_1)$

$K_2 - K_1 =$ 期末资本存量 − 初期资本存量 = 净投资 I

故 $K_2 - K_1 = I = W \cdot (O_2 - O_1)$，$W = \Delta K / \Delta O$

W 称为加速乘数，也称为资本—产出比，其含义是一定时期内增加一单位的产出所需要增加的资本投资量。

加速系数表示净投资相对预期收入（产出）的变化幅度，用来说明投资的变动与收入（或者消费）的变动之间关系的理论。当加速乘数 >1 时，表明较少幅度预期收入的变动会引起较大幅度投资的变动；当加速乘数 <1 时，表明较大幅度预期收入的变动引起较小幅度投资的变动。该理论是建立在一定时期内加速乘数保持不变、资产不存在闲置两个假设的基础上。加速器可以发挥双向效应，即正向递增和负向递减的效应。由加速系数定义可知当企业的收入水平保持不变时，投资也会出现下降，新增投资会随

着预期收入增长速度的放慢而减少，只有收入保持一定比率的连续增长，才能使投资的增长率保持不变。该理论并不强调投入的相对价格或利率的作用，而是强调了预期需求的作用。

投资加速理论从预期收入的视角诠释了企业的投资行为，着重强调了企业预期收入的增加是投资行为发生的直接原因。该理论存在某种程度的局限性，仅仅考虑了预期收入对投资的影响，而忽略了影响投资的其他因素，例如投资机会、外部市场环境的变化等。另外，随着经济的发展很多企业自身资本存量不足，但为了生存和发展，仍然通过多种方式进行投资，加速器理论并不能很好地解释这一现象。加速器理论最大的缺陷是没有考虑长期利润，因此该理论没有考虑厂商的跨期最优选择行为。

投资加速理论对本书研究的启示是：第一，企业进行投资决策时不能仅从某一个角度考虑，影响企业投资的因素如企业未来的投资机会、外部市场环境变化、企业的自身特征等都应综合考虑。第二，投资加速器的正、负效应给本书的研究提供了一个很好的借鉴，在投资过程中我们不仅要看到某些因素如经济政策不确定性给投资带来的正向效应，同时也要正视某些因素对投资的负向影响并将力求将负向影响降到最小。

（3）新古典投资理论

1963 年，美国著名经济学家萨米尔森突破了凯恩斯主义者几十年投资理论的研究思维和框架，构建了新古典投资理论的初期模型。其中，该学派的代表人物乔根森认为，以往投资理论忽视了微观基础，只片面考虑了宏观问题的分析，他试图从企业的视角出发，在投资决策时以企业达到价值最大化作为分析的重点，从而使投资理论与微观经济主体行为联系起来。另外，乔根森投资理论强调：投资要考虑资本的使用成本，要将生产要素的相互替代与现值最大化相结合。按照经济人利润最大化原则，结合柯布—道格拉斯生产函数，在充分考虑了影响投资水平的各种经济因素，运用新古典的边际分析方法，乔根森得出了新古典投资理论的最优资本函数。新古典投资理论最初没有考虑调整成本，后期学者将调整成本纳入到该理论。

①不考虑调整成本的新古典投资理论。Jorgenson（1963）等从微观企

业最优行为出发，创立了新古典理论模型，提出了最优投资水平是“资本的边际收益等于资本的边际成本”，此经济理论的核心——边际决策具有可靠的理论基础。但早期的新古典投资理论也存在如下几点明显的缺陷：第一，在大多数情况下，厂商是资本的拥有者而非租赁者，因而加速原理中的“资本租赁价格”概念和现实意义不大。第二，由于厂商需要承担资本价格变化所带来的相应风险，因此，资本的租赁价格会随着资本价格的变化而产生变化，资本使用价格进而会偏离资本租赁价格。第三，实际中资本调整成本客观存在，但很少有企业在较短时间内能迅速进行资本调整以达到最优规模。

②考虑调整成本的新古典投资理论。艾斯奈尔和斯特罗茨（Eisner 和 Strotz）将资本存量的调整成本引入到新古典投资理论思想中。后期学者对其修正，调整成本模型逐渐成为新古典投资理论的代名词，形成了新古典投资理论的后期模型。调整成本理论的最大不同是：在企业价值行为优化的过程中，将调整成本综合考虑到企业投资过程中，重新得到新的均衡点。

由于调整成本的存在，企业进行投资时很难达到理想的水平，但是企业在力求一个最优的水平。随着计量经济学的发展，尤其是动态面板数据的不断被引用，资本结构的动态调整引起经济学家的密切关注，动态资本结构理论也得以发展。由于加速折旧和投资抵免等税收政策可以对投资产生影响，因此新古典投资理论也研究了投资支出和税收的关系。

投资的新古典理论相对于投资加速器理论，拓宽了投资支出的影响因素研究范围，从微观企业最优行为出发，提出了最优投资水平是“资本的边际收益等于资本的边际成本”，这一思想和理念是本书第5章中构建投资效率模型的理论基础。

（4）托宾Q理论

1969年，诺贝尔经济学奖的得主詹姆斯·托宾（James Tobin）提出了著名的托宾Q理论，也称“托宾Q系数”或托宾Q比率。

托宾Q＝市场价值/重置成本

分子是由资本市场所衡量的企业价值，等于公司股票和债务资本的市场价值之和；分母的重置成本是指今天重新购置企业所有资产所花费的代价，也就是重新创建该公司需要花费的总费用。

若托宾 Q >1，表明重新购置资产只需要变现少量的股票即可，这样企业便可以通过卖出股票来增加投资支出。相反，若托宾 Q <1，企业将不会用更多的股票来换购新的投资品，这样公司的投资支出便会降低。托宾 Q 理论同时指出，当且仅当投资项目能增加企业的市场价值时，项目才会被接受；企业市场价值的增加，是股票市场根据该项目未来的预期收益和风险做出的综合反应。

托宾将 Q 值作为判断企业是否进行新投资的标准，后期托宾 Q 成为文献度量公司业绩和成长性的重要指标，但由于资产的重置成本很难直接获取，因此在实际应用过程中，很多学者以总资产的账面价值作为重置成本的替代变量，而在估算企业的市场价值时通常以公司的流通股市值与公司负债账面价值之和来度量。

托宾 Q 理论将资本市场中的股票价格与企业投资支出联系在一起，其重大贡献是通过企业市场价值沟通了虚拟经济和实体经济，主要贡献有：第一，托宾 Q 理论可以较准确判断一个国家或地区的资本市场的有效性，检验其成熟程度，从而进一步影响金融市场参与者的投融资决策，同时该理论也解释了企业的收购和兼并行为。第二，托宾 Q 理论在实体经济和资本市场之间架起了一道桥梁，揭示了货币由资本市场与实体投资相互作用的可能，对国家货币政策的制定、企业价值引导等具有重要的参考和指导价值。

托宾 Q 理论指出，当且仅当投资项目能增加企业的市场价值时，项目才会被接受；企业市场价值的增加，是股票市场根据该项目未来的预期收益和风险做出的综合反应，该理论的重要思想是本书构建投资效率模型的重要理论基础。

（5）资本市场理论

随着资本市场的完善和发展，近些年越来越多的学者进行了资本市场的相关研究。资本市场理论较多，其中与本书投资行为和投资效率相关的理论主要有费雪分离定理和有效资本市场理论。

①费雪分离定理。投资决策的实质就是为了将来的多消费而决定减少现在的消费数量，并从消费中获得最大期望满意度（期望效用），投资意味着放弃了当前的消费。市场有两类人：一类是放弃当前消费而将多余资金用于储蓄以获得利息收益；另一类是经济头脑和意识较强且有投资需求的那些人，他们不满足已有的现状，会主动花费成本寻求资金并进行投资，最初他们获得资金的途径是寻找借款人。资本市场的产生，成为储蓄者和借款人融通资金的重要场所，通过资本市场储蓄人可以进行更广泛的投资选择，同样借款人在无需花费寻找借款成本的条件下能够获得较低代价的借款，这样与之前相比，储蓄人和借款人的数量大增，资本市场所提供的储蓄额和借款额也越来越多，但并未发生任何人效用下降的情况，相反提高了无资本市场状态下代理人的效用。若资本市场是完美的，就会自动实现借款利率和贷款利率的均衡和相等，美国著名的经济学家费雪（Irving Fisher）在这个前提下推导出了费雪分离定理——投资决策和个人效用偏好相分离，即借款人在进行投资决策时不需要考虑个别储蓄者（资金供给者）的消费偏好，只要投资回报率高于市场利率，该投资项目都可以被接受。

费雪分离定理运用到企业意味着公司的所有者委托管理者制定投资决策，不论个别股东的效用方程属于什么类型，管理者都会一直投资直到最后一项获利性投资项目的收益率刚好等于市场收益率为止，从而实现所有者个人财富（以及共同财富）的最大化。即公司管理者在进行投资决策时无需考虑每个股东的个人效用，这样企业筹资和投资就实行了有效的分离，从而产生了对两者都更有利的高效率，上市公司的出现有效解决了股权分散带来的分散投资和低效率问题，资本市场为企业高投资效率提供了融资场所。

②有效资本市场理论。资本市场的建立使得贷方（储蓄者）和借方（生产商）之间的资金融通更为有效，对于任何生产商而言，借/贷款利率都是很重要的信息，因为只有在外部资金的成本（借/贷利率）不高于收益最差项目的收益率，他们才会接受这个项目。因此对所有的生产商和存款者而言，当价格由风险调整后的收益率决定时，这个市场就是有效配置的。在

一个有效配置的市场里，稀缺的资金可以被最有效地配置到投资项目中。

Fama（1970、1976）做了一系列定义资本市场有效性概念的工作。他定义了三类有效性（强势、半强势和弱势），从不同程度上体现了价格对信息的反映程度，当企业和市场的所有信息（包括公开的和内部的信息）可以通过股票价格的传导而反映出来时，此时资本市场便是强势有效的。如果市场是强势有效的，那么即使公司内部的独家信息也会被反映在股票价格中，即股票价格在投资者能利用这一内部信息之前已经进行了调整。因此，这项内部消息不能使投资者获利。在强势资本市场中，市场上有两种交易者："知情交易者"和"不知情交易者"。知情交易者能够根据信息对未来出现的状态做出更为准确的估计，并以此建立头寸。当所有的知情交易者都采取这种行动时，现价就会受到影响。而不知情交易者无法收集到这些信息，但是他们可以根据现价的变化来推断知情交易者所获得的信息。因此市场价格对信息就会起到聚合作用，使得所有的交易者（不管是知情交易者还是不知情交易者）都能获得知情交易者拥有的信息，那么没有人能够获得超额的收益。

有效资本市场意味着证券价格能够及时、完整地反映所有的相关信息，它既不要求信息的使用是免费的，也不要求产品市场是完全竞争市场。资本市场有效性意味着没有人能够战胜市场（即不能获得超额收益）。

Fama（1970、1976）的有效市场假说带给投资者的重要启示是：尽管现实中强势有效市场不存在，但证券价格传递着企业经营和发展的优劣，能够较准确反映企业价值。无论是投资者、政府部门都可以依据股票价格做出相关决策。信息和财务数据的公开透明是上市公司区别非上市公司的本质特征之一，特别是在现代化的信息网络时代，上市公司的任何价值创造或者损害行为都会在零时间通过网络和新闻系统被投资者捕捉，上市公司的业绩和未来发展前景等最终都会如实通过股价反映出来，不会因为所谓更有效的"公关"处理而被扭曲。

由于股票价格反映了企业的信息，当企业发生投资行为时，资本市场投资者会对此行为进行分析判断并做出影响股票价格的行为，因此有效资本市场理论是本书构建投资效率模型的重要理论依据。

3.1.2　现代企业理论与投资效率

以新古典主义为代表的投资理论成为前期企业投资行为研究的主要基础，其主要观点是将企业看作是一个动态的生产函数，这一观点遭到新制度学派的质疑，他们认为企业是“显性的或隐含的合约”，但现实使得这一系列合约不完备，于是产权性质就成为影响企业经济效率的重要因素。后期的经济学家致力于将企业制度与投资效率结合起来，主张将影响企业投资行为的重要因素——产权结构纳入最优的动态模型。

诺贝尔经济学奖得主科斯先后于 1937 年和 1960 年发表了《企业的性质》和《社会成本问题》，其论点被后人命名为著名的“科斯定理”。科斯定理从产权理论、信息不对称理论、代理理论、契约理论等出发，是产权经济学的基础，被西方经济学家认为是产权理论的创始人和奠基者。其中契约理论是较有影响的理论，其主要观点是：企业是由一系列“显性的或隐含的合约”组成的，但由于这些契约的不完备性，因而产权的界定对企业投资行为和投资效率就有着至关重要的意义。在产权理论基础上的完全契约理论是传统的公司投资效率的研究主线，但由于信息的非对称性和环境的不确定性等，不完全契约理论和委托代理理论将完全契约理论研究范畴进行了拓展。

（1）产权理论与投资效率

产权是一种社会工具，界定人们收益和受损的权限。产权理论认为，无论企业初始产权是什么，只要市场不存在交易成本，那么通过市场机制的最优资源配置都会自动实现，外部性不经济的问题也都能够得到解决。但现实社会中交易费用是客观存在的，因此企业要达到有效的资源配置，需要清晰界定产权，并选择合理规范的经济组织形式。没有清晰产权界定的组织是一个资源配置无效和效率低下的组织，清晰的产权能够减少外部不经济性和交易费用，是高效率的产权。清晰的产权应具有的特征是：

①明确性。指产权应具有一个完整明确的边界，包括对财产所有者各种权利的界定，以及对限制、损坏和破坏这些权利时处罚的明确规定。

②专有性。清晰的产权主体使某种行为所带来的所有损益都能够得以直接追溯。

③可转让性。清晰的产权可以通过市场以公平合理的价格进行转让。

④可操作性。产权理论可以解释不同所有权性质企业投资效率差异，私有或民营企业由于产权界定清晰明确，对剩余利润等享有专有性，因此所有者有强烈动机提高企业经营效益和投资效率，而国有企业产权不清，在利润激励方面私有企业会强于国有企业。

科斯的产权理论中的“交易费用”“外部性不经济”和“产权”等都是产权理论的重要内容。交易费用指经济主体为取得较全面而准确的市场信息所付出的所有代价和费用，主要包括谈判费用和经常性契约费用。威廉姆森（1985）在《资本主义经济制度》中对交易费用做了更明确的分类，将其分为两类：一是事前的“起草、谈判、保证落实某种协议的成本”的费用；二是为维护事后执行所付出的交易费用。外部性不经济是指某项经济活动使得社会成本高于个体成本，即对外部环境造成的不良影响。

产权理论认为明晰的产权是高效率的前提和保障，因此产权界定的重要性是产权理论的核心。以产权理论为代表的新制度经济学家认为，由于企业的经营和管理等各项经济活动离不开制度环境，而社会制度处于不断变迁中，因此，企业的投资行为必然也受到这些制度因素的影响，在这些制度因素中，产权制度无疑是重要的。由于现实的交易费用的存在，企业所处的环境不断变化，信息存在着不对称性、个人机会主义倾向和有限的个人理性等，不同的产权界定和分配制度会带来不同的资源配置效率。因此，投资行为和投资效率会较大程度上受到产权制度的影响，产权制度是资源配置优化的前提和基础。这样企业客观存在的交易费用、产权性质与企业的投资行为及投资效率就联系起来了。

产权理论是指导本书分析经济政策不确定性影响投资效率的重要理论，中国特色社会主义制度不同于西方的资本主义制度，企业的投资离不开制度环境，西方有关经济政策不确定性对投资效率影响的理论不完全适合中国的国情，国有企业与非国有企业投资效率的差异某种程度受到产权界定的影响。

（2）契约理论与投资效率

科斯认为，从制度环境来看，制度因素是影响企业投资行为的最重要因素，产权制度的影响尤为重要。但由于企业的投资行为离不开并受制于内外环境，因而形成了与产权相关的内部利益相关者和外部利益相关者，为了界定自己的利益，利益相关者与企业建立了明确的契约。企业可以看作是由利益相关者基于自身利益所形成的一系列契约的纽带，称为“企业的契约理论”，因此契约理论是以效率为核心，同样是影响企业投资的重要理论，研究与效率有关的契约包括不完全契约理论（Grossman 和 Hart，1986；Hart 和 Moore，1990）和委托代理理论（Ross，1973）。具体又包括不同形式的契约以及契约的组合。

①信息不对称理论、委托代理理论和不完全契约理论。信息不对称是指由于企业所处的内外环境处于不断变化中，在相对独立的经济个体之间，很多人会拥有其他人不拥有的信息，也就是说不同经济个体所拥有的信息是呈不对称和不均匀分布的，拥有充分信息的人将具有较有利的地位和优势。信息不对称包括签订协议之前的事前信息不对称和协议签订后的事后信息不对称。事前信息不对称是指如果组织或市场的某些个体能够利用其他人所不能拥有的信息，在签订契约之前使得契约的签订有利于自己而使得另一方受损，这就是通常所说的“逆向选择”；事后信息不对称是指信息不对称发生在契约订立之后，类似于保险公司所面临着投保人为了获得赔付而引发的“道德风险”。

Myers 和 Majluf（1984）研究指出，由于信息不对称，企业外部投资者对企业投资的风险加大，自然要求更高的回报率，因此在对企业投资时会提出更高的要求以补偿不对称带来的风险，这样较高的外部融资成本致使企业融资困难而缩减融资规模，可能会导致净现值大于零的项目被拒绝，产生非效率投资。

此外，企业的管理层较股东和外部投资者拥有更多的有关公司管理和投资的相关信息，为了个人私利管理层可能会进行减损公司价值、扩大公司规模的非效率投资，却向股东和利益相关者传递着与个人道德无关的其他信息，导致股东对管理层的委托代理难度加大，代理成本增加，因此在信息不对称条件下对管理层的监管、奖励的契约签订是必要的，但由于很多客观不确定，契约通常是不完备的。

建立在非对称信息基础上的委托代理理论是以委托代理关系为主要思想的理论，是新制度经济学契约理论的重要内容。

②委托代理理论、有效激励和契约精神的发展。委托代理理论是1960年末至1970年初在信息的不对称以及对激励问题的深入研究的基础上发展起来的。该理论提出的社会背景是，社会生产力的快速发展和规模经济的产生，要求各行业进行分工细化以提高效率，大规模生产时代对企业管理提出了挑战，企业的所有者在有限的能力、知识、精力和经验的状况下，很难独自履行职责和行使全部权利，基于专业化分工的需要，具有专业从事管理工作的大批优秀人员即代理人相继出现，为了提高生产效率，股东便委托代理人行使自己的权利，这时所有者的一部分权利就被赋予管理者行使，即我们通常所说两权分离——所有权和控制权分离。作为企业所有者的股东（委托人）以企业价值或股东财富最大化为目标，而高额的工资、更多的闲暇和奢侈的在职消费则是代理人（经理人）所追求的，由于委托人和代理人的目标不一致，这样就产生了委托代理冲突，为了保证代理人按照自己的意愿去工作，委托人会签订契约，制定激励和监督措施，使代理人努力为自己工作，提高公司业绩，这就产生了所谓的代理成本。若激励契约机制是有效的，股东就能够有效地激励和促使管理者为了股东利益和企业价值的最大化而努力地工作，减少代理成本，提高投资效率和资源配置效率。如何最大程度激励代理人，设计出最优的契约和激励方案、降低代理成本，是基于信息不对称的现状委托代理理论的核心内容。因此，委托代理成本、激励约束机制与企业行为及效率也就联系起来了。Jensen 和 Meckling（1976）指出，企业的利益相关者如股东、债权人、管理者之间都存在代理问题，因此委托代理成本不可避免。由于信息不对称，企业管理者在投资决策时可能会为了追求如额外的福利和在职消费等自身利益，选择净现值（NPV）小于零的项目进行投资，导致投资过度，或放弃能够增加股东和公司价值的投资项目，导致投资不足。Stulz（1990）同样也发现，管理者通常希望通过扩大公司的规模来获取收益，

因此尽管该项目的 NPV 小于 0，但管理层也会继续投资产生过度投资。

③不完全契约理论的发展与延伸。Grossman 和 Hart 等人共同建立了不完全契约理论。他们认为，由于人们理性的有限性和信息的非对称性，同时还有很多不确定因素的存在，拟定完备的契约是不现实的。于是他们提出了“剩余控制权”和“不完全契约”等范畴，并创建了与产权理论、委托代理理论不同的不完全契约理论。该理论继承了科斯等所开创的产权理论、委托代理理论，并对这些理论进行了批判性地发展。不完全契约理论从以下两个角度解释了契约的不完全性：第一，现实的世界是不可预测和复杂多变的，人们不可能准确预测和预想未来，因此规划出未来所有发生的各种现实是不可能的；第二，面对未来可能的各种不确定，契约的参与者很难对未来做出一致的描述，契约基本达不到一致。总之，面对现实和未来各种不确定性的因素，契约参与者在契约中清晰界定未来各自的权责利是不可能的，即使能够进行准确预测并明确界定，市场高额的交易费用也无法规避。由于现实中契约不能达到完备，因此明确界定所有相关特殊权力的成本也将特别高，这时所有权重要意义就体现出来了。在不完全契约的现实中，传统产权理论不可能对所有权进行明晰界定，对资产的所有者来说，拥有该资产的剩余权力以及对剩余权的合理分配就成为关键，这一思想若指导企业投资过程，那么剩余控制权在投资决策的合理配置中就与企业投资效率紧密联系起来了。

不完全契约理论是指导企业投资行为和效率的最重要的理论之一，该理论以现实中契约的不完备性为出发点，以解决剩余控制权的最佳配置问题为主要目标，因此该理论将不完全契约、交易费用和剩余控制权的配置与企业行为及效率联系起来。不完全契约理论和委托代理理论都是以信息不对称为基础，他们将公司治理与企业投资行为及效率联系起来，委托代理理论强调通过设计激励和监督机制实现事前的激励，而不完全契约理论强调的是优化配置剩余控制权。

产权理论、委托代理理论、企业的契约理论和不完全契约理论从不同角度阐述了影响企业投资效率的各种因素，成为分析企业投资效率的理论基础。产权理论通过产权的界定将交易费用、不同产权的利益相关者与企业的投资行为及投资效率联系起来，该理论强调了明晰的产权可以减少交易费用，实现资源配置优化和提高投资效率。委托代理理论着重从委托人为实现股东财富最大化、通过建立有效的激励约束机制，从而降低代理成本的角度考虑其对企业投资行为及投资效率的影响。上述激励机制和约束机制，若能通过签订有效的契约，则能够较好地保障代理人的行为最大程度与委托人的目标函数一致，激励代理人在企业经营和投资等经济活动中朝着委托人的目标行动，减少代理成本，以此减少企业的低效率投资，提高投资效率。但是普遍存在的事实是委托人不可能将未来所有的不确定都考虑到，不完全契约是客观存在的，基于完全契约的委托代理理论是不客观的，因此基于未来不确定下可能的剩余控制权的配置就显得尤为重要。不完全契约理论就是考虑了交易费用、不完全契约以及剩余控制权的配置与企业的行为及效率之间关系的理论。剩余控制权的优化配置对企业投资效率的影响是不完全契约理论下的关键。

这些理论是本书第 5 章经济政策不确定性影响企业投资效率和第 6 章作用机制分析的重要理论基础。

3.1.3 行为金融理论与投资效率

后期学者关注并强调了心理学对投资决策的重要影响，提出了行为金融学理论，成为公司投资效率理论的一个新的研究发展方向。

代理理论认为，管理者是有限理性的，在投资决策中更多的是从利己角度出发，并非按照企业价值最大化进行。现有大多数研究从管理层机会主义行为和公司治理这一视角对公司投资决策行为进行了解释。但近年来，随着认知心理学的兴起与发展，行为金融理论逐渐得到了学者的重视，尤其是自 20 世纪 50 年代以来越来越多的行为金融理论的研究显示，管理层的自利主义行为不仅是由代理问题引起的，在很大程度上还受到管理层个人有限的认知能力、过度自信的心理特征影响。由于管理层个体之间的特征和非理性程度存在一定差异，因此对同一决策问题在相同的外部环境条件下，不同个体所做出的决策可能不同，且决策几乎都具有非理性特征。过度自信理论认为，管理者在投资决策的过程中，会依据已有的经验和认知对不确定事件提出基于自己认知范围内的观点，但由于过于高估自己的判断力、能力和管理水平，在评价投资项目时通常会低估项目折现率、高估未来现金流和决策成功的概率。因此，过度自信的管理者在进行公司的重大经营和投资决策时，通常会对项目的盈利前景过于乐观，可能会接受盈利较差的项目，制定错误的投资决策，导致过度投资或者低效率投资，给公司和股东带来巨大的损失。

3.2 经济政策不确定性影响企业投资行为的相关理论

3.2.1 实物期权理论

传统财务学理论是基于净现值（NPV）最大化原则对项目未来投资进行决策，该理论假定项目决策者对投资项目的整个过程拥有明确的信息，即可以准确预测项目未来的现金流量和折现率，通过计算 NPV 并遵循 NPV 最大化原则做决策（靳庆鲁等，2012）。但现实是与投资项目未来相关的产品价格、运行成本、折现率等方面具有不确定性，于是决策者就难以对项目净现值进行客观评价。当投资项目未来的现金流和折现率存在不确定性时，投资行为就具有类似实物期权的特点（Julio 和 Yook，2012）。

实物期权理论有两种：一种是扩张型实物期权理论。该理论强调不确定性“好消息”的效应，认为企业能够根据市场变化做出快速调整投资规模的行为，同时企业的管理者也会因此表现出风险追逐特征。不确定性蕴含着投资机会，当“好消息”发生时，新增的投资会显著提高企业未来的市场占有率、销售价格和预期利润等。因此，公司管理层很可能在不确定性的上升时期扩大投资规模，增加投资支出（Segal 等，2015），在“好消息”的预期下，过度自信的决策者由于认知的偏差，甚至可能造成过度投资，这与投资的“Oi - Hartman - Abel 效应”是一致的。

第二种理论是等待型实物期权理论。等待型实物期权理论将企业的投资视为一份基于未来现金流的实物期权，建立在投资不可逆性的假设之上。该理论着重强调不确定性中隐含的“坏消息”的影响，认为由于资产具有专有性和不可逆性，企业一旦进行当前投资，其投资支出将变成沉没成本，当不确定性上升时，管理层准确评估投资项目的难度增大，企业因信息不对称所带来调整成本也增大。因此，为避免投资失败，企业应该在不确定性上升时放弃当前投资，选择等待以获取更多有关投资的未来信息，做出延缓投资的决策（Gulen 和 Ion，2016），或削减当期投资，进而可能会导致当期投资不足。

实物期权理论是指导经济政策不确定性影响企业投资行为的重要理论，本书的研究结果支持了第二种等待型实物期权理论，即经济政策不确定性抑制了企业的投资规模。

3.2.2 金融摩擦理论

金融摩擦理论又被称为风险溢价理论。从银行等金融机构（债权人）的角度来看，一方面，随着经济政策不确定性的提高，企业的信息不对称程度增大，银行在放贷行为上会更加谨慎，会进行贷款额度的缩减，紧缩型信贷政策便成为不确定环境下银行的贷款政策（Talavera 等，2012；Quagliariello，2009），作为企业投资主要来源的银行贷款额度的下降，必然会削减企业的投资规模，导致投资不足（饶品贵等，2017）；另一方面，经济政策不确定性的增加导致了银行对企业风险和偿付能力的评估、投资项目的监测等难度增加，出于规避风险的目的，银行要求企业有抵押品才能贷款，而企业由于受到经济政策不确定性的影响可能会出现资产价格下降、自身盈利能力下降以及资金错配等情况，从而导致企业资产负债表缩水，降低了抵押品的价值，导致企业贷款延迟或者减少，进而缩减投资规模（Yan 和 Luis，2013）。

由于资金借贷双方之间存在着信息不对称，导致企业外部融资成本高于内部融资成本，即产生外部融资溢价。由于企业的外部融资溢价与其净财富负相关，经济政策不确定性会导致企业财务状况的不确定甚至恶化，提高投资者对风险溢酬的预期，即企业的投资者和债权人为补偿高风险，在对企业提供资金需求时会要求较高的回报率，企业融资的资本成本上升，外部融资能力减弱，导致资金供给不足和投资规模的缩减（Gilchrist等，2014）。

3.2.3 预防储蓄理论

预防性储蓄理论认为，当经济政策不确定性提高时，由于企业未来的生产经营、融资环境等面临着诸多的不确定性，尤其是融资约束严重的企业更容易陷入资金短缺的流动性危机，为了预防未来可能出现的流动性危机，加强自身的风险抵御能力，企业需要持有更多现金和可逆性更强的资产（Bloom 等，2007；Han 和 Qiu，2007），从而保持较高水平的自由现金流（张光利等，2017），更多自由现金流的持有和占用会使得企业用于当期投资的资金减少，引发投资不足（Almeida 和 Campello，2007）。如果企业容易以低成本获得资金，自由现金流的增加会让企业进行无效率的投资（Jensen，1986）。

但从另外一个角度来看，经济政策不确定性上升时，为规避不确定性的风险，企业的现金持有水平会增加（王红建等，2014），这反映了当企业面临较高的经济政策不确定性时，其对外融资行为会更加趋于谨慎，同时企业也会主动加强流动性资产的管理，提高流动资产的持有比例，同时降低和减少对外部资金的依赖程度，以提高抗风险能力。因此，当经济政策不确定性上升时，企业过多的现金流持有和对风险的谨慎处理方式可能会使得银行对企业信用等级评价不降反升，因此实际借款的利率可能会下降，使得企业债务融资成本下降（吴伟军和李铭洋，2019），从而提高企业的投资效率。

3.2.4 信息不对称理论

一般认为，企业决策者较外部投资者拥有更多信息，但当经济政策不确定性程度升高时，与项目未来产品相关的市场价格和供求关系等都会发生变化，决策者自身面临严重的信息不对称问题，难以准确评估和预测投资项目的未来前景，在某种程度上增加了投资决策的难度，投资项目未来的经营风险和财务风险加大，进而导致项目失败的概率增大。因此，在这种情况下一方面股东为了规避风险，出于谨慎性考虑会要求管理层暂时观望或缩减投资规模（王义中和宋敏，2014）。另一方面，企业的信息不对称程度随着经济政策不确定性的上升也随之加剧，组成契约合同的利益相关者很难准确评估经理人投资行为的利己成分和投资决策的优劣，在理性投资监管难度加大的情况下，经理人通常会将投资失败的原因归于外部不确定的环境，从而推卸自身责任。因此，管理层可能会将资金投向可以谋取私利但损害企业价值的项目，或者借机扩大不必要的投资规模，导致过度投资的非效率投资行为。

3.2.5 代理理论

代理理论认为，首先，经济政策不确定性的提高使得股东监督管理者的难度加大，即使代理人拥有足够多的信息，出于自身利益最大化和职位固守等防御动机，可能会做出损害股东价值最大化的投资决策，出现“急于表现”和“不作为”等非效率投资行为（金宇超等，2016），不确定性正好为侵害行为“打了掩护”，管理者可以将投资失败归因于外部环境，从而导致业绩评价机制失效，加剧代理人的过度投资行为。其次，较高的环境不确定性也弱化了审计师、监管部门和新闻媒体等的监督作用，使得外部治理机制失效，这样会诱使管理层进行自利性的投资行为，产生过度投资。最后，经济政策不确定性会加剧公司盈余波动性，导致融资成本升高，高管可能会为降低成本，一方面急于寻找新的利润增长点而进行多元化投资，造成过度投资；但另一方面投资会更谨慎，从众多投资方案中选择利润增长点更高的项目进行投资，缩减不必要的投资，提高投资效率。

上述五个理论是本书有关经济政策不确定性影响企业投资效率的机理分析和作用机制分析的重要理论。

3.3　基本概念及本书对投资效率的界定

3.3.1　投资

投资是指企业或经济主体为获得预期收益，将资本或资金投入到能为其创造财富或价值的经济活动的经济行为，就价值创造而言，投资决策是公司财务三大决策中最重要的决策。

王竹泉（2017）将企业的投资活动分为经营投资活动和对外投资活动，经营投资活动是企业直接运用资金创造价值的过程，包括构建固定资产、无形资产和其他长期资产的支出，公司并购支出、广告和研发支出；而对外投资活动则是企业通过投资其他企业，将资金的直接使用权转移给被投资企业，分享被投资企业创造的价值以实现企业价值增值目标。党的十九大报告强调“建设现代化经济体系，必须把发展经济的着力点放在实体经济上”，经营投资活动是为企业实体经济发展而进行的投资活动，因此本书对投资活动的界定归属于企业经营活动投资范畴，是经营活动的长期投资活动，企业经营投资的目的是通过固定资产、无形资产等投资活动，获得高于成本的投资收益率，壮大企业的生产能力和规模，使企业资本保值增值。

在研究上市公司实体投资行为和投资效率时，靳庆鲁等（2012）、程新生等（2012）、张新民等（2017）、刘艳霞和祁怀锦（2019）等的研究较多以现金流量表中“购建固定资产、无形资产和其他长期资产支付的现金”度量企业的投资，本书也采用此指标度量企业投资，归属企业经营活动中的长期投资活动，其具有周期长、风险大、不可逆性，经营投资是企业价值增值的源泉。

3.3.2 效率和投资效率

（1）效率

由于资源的稀缺性，效率一直都是经济学家关注的核心问题，经济学家研究和探讨经济效率的基本理论基础是马克思关于经济效率的论述。马克思将效率概括为“劳动”时间的节约，他认为可以通过合理比例分配和节约来实现劳动时间的节约，这一规律无论社会主义制度还是资本主义制度都适用[①]。马克思对资本主义生产目的进行了这样的阐述：资本主义生产始终不变的目的是以最少的预付资本换取最多的剩余产品[②]。马克思从投入和产出的角度强调了效率，其中预付资本是指资本投入，剩余产品就是资本的产出。

新古典经济学家萨缪尔森强调了资源的稀缺性和有限性，他认为增加一项生产必须要在减少另一项生产的条件下才能实现，此时经济的运行不存在浪费，便是有效率的[③]。

意大利经济学家帕累托从资源配置的角度定义了效率——帕累托最优，他指出，在外界环境不变的前提下，如果企业或经济组织中任何一个人想使得自己的状况变得更好必然会导致其他人境况更差，也就是说不存在这样的境况——不损害他人利益的同时自己利益提升了，这种状态下实现了资源的最佳配置，即“帕累托最优”[④]，帕累托最优是企业管理和投资过程所追求的最佳状态，被广泛应用，意味着企业和经济组织无浪费。后期“帕累托效率”逐渐替代了“帕累托最优”。

---

① 《马克思主义全集》第46卷（下册），人民出版社1980年版。

② 《马克思恩格斯全集》第一卷第一分册，人民出版社2006年版。

③ 萨缪尔森：《经济学》，中国发展出版社1992年版。

④ 约翰·何特韦尔等编：《新帕尔格雷夫经济学大辞典》，经济科学出版社1992年版。

国内学者樊纲（1995）将经济效率称为资源的利用效率，强调了效率是企业利用现有资源所生产的产品对人们需求的满足程度（效用）与资源成本的对比关系，效率不是简单的产量和数量的概念，而是效用与成本的对比。胡汝银（1992）在《低效率经济学——集权体制理论的重新思考》中以组织效率、配置效率、动态效率来概论经济效率。

资源的有限性是学者们定义效率共同强调的，生产效率与资源配置效率密不可分，资源配置效率直接决定企业的生产效率，若资源配置效率低，必然会导致生产效率的低下。

（2）投资效率

最大的产出和最小的投入是马克思关于效率的经典总结，“用最小限度的预付资本生产最大限度的剩余产品”是马克思有关资本家生产目标的阐述，其实质是强调了投入和产出的关系——效率，其中预付资本是资本的投入，剩余产品是资本的产出。现代投资理论模型的构建普遍强调了投资的产出与投入关系，例如凯恩斯理论强调了资本边际效率，新古典理论模型提出了最优投资水平是“资本的边际收益等于资本的边际成本”。

后期学者们将研究的领域扩大，先后出现过融资效率（杨兴全，2004）和投资效率。投资效率是最近几十年学术界研究的热点，尤其是在投资带动中国经济高速增长的几十年，投资效率成为研究的热门话题，但并无研究文献对投资效率有明确和完整的定义。1986年，Jensen提出过“过度投资”的概念，他认为过度投资使企业的净现值（NPV）为负。但由于NPV是通过对投资项目寿命期的现金流量进行估算，未来现金流被准确预测的难度较大，因此尚无文献从NPV角度构建模型对投资效率进行度量。

后期大量文献引用Jensen（1986）过度投资的定义，试图通过构建模型度量企业的投资效率。Fazzari（1988）和Vogt（1994）模型，从“投资对现金流的敏感性”或“投资对投资机会的敏感性”来判断企业是过度投资还是投资不足，但此方法被后期学者提出质疑，如Kaplan和Zingales（1997）从另外一个角度度量了企业的融资约束程度，得到了与FHP（1988）相反的结论，并指出融资约束并非导致投资对现金流敏感的唯一原因，得到了Cleary（1999）的支持。Richardson（2006）和Biddle等

(2009) 通过建立回归模型，以回归模型中的残差度量投资效率，并将残差大于0的投资定义为“过度投资”，残差小于0的投资定义为“投资不足”，认为残差绝对值越接近于0，企业的“非效率投资”就越低，投资效率越高；相反，残差绝对值越大的投资“非效率投资”越高，投资效率越低。其中，Richardson (2006) 回归模型被国内外学者大量引用，并成为近十几年实证分析的主流，其对投资效率的定义引用了 Jensen (1986) 的定义，但度量投资效率采用了回归模型的残差，其模型是从投资规模的偏离度或者说从投资规模的角度度量投资效率。

总之，已有文献有关投资效率的定义和度量处于分离状态，对投资效率的定义引用了 Jensen (1986) 过度投资的理论定义——净现值小于0的投资，但过度投资的度量并非按照理论定义，本书将对投资效率进行明确定义并通过构建模型将两者统一。

3.3.3 本书对投资效率的定义

Jensen (1986) 从净现值 (NPV) 角度定义了过度投资，NPV 通常是以资本成本为折现率所计算的项目未来各年净现金流折现的代数和，是综合考虑了企业的资本成本和预期收益。当投资项目的 NPV = 0 时，意味着此项投资的内含报酬率 = 折现率 (资本成本)，因此作为评价投资项目效果的 NPV 指标其实质综合考虑了投资的报酬率和资本成本，是通过比较两者的差进行决策判断的，本书从两者比值的角度定义投资效率，将投资效率定义为“投资效率 = 投资收益率/加权资本成本”，若投资效率大于1，投资所得回报率高于资本成本，NPV > 0，投资能够增加企业的经济增加值 (EVA)，投资效率高。例如，某一投资项目投资额为100万元，为筹集资金所发生的年资本成本 (包括负债和权益资本成本) 均值为8%，此项目在寿命期内年均收益率 (总资产回报率) 为10%，则此项目的投资效率为10%/8% = 1.25，投资收益率大于资本成本，投资效率高。

效率不等同于效益，效益通常强调经济的数量和规模，而效率强调的是资源的有效配置和经济要素的最优质量。投资效率不等同于投资效益，投资效益更多关注的是投资的所得，即投资收益或者投资收益率，已有文献经常以企业业绩指标如总资产回报率（ROA）、净资产回报率（ROE）等来度量，这些是反映投资产出的指标，归属收益的范畴而不是投资效率。本书强调投资效率是投资的所得与花费成本的关系，评价企业的投资效率应综合考虑投资的收益率和资本成本。企业投资的目的是为了资本的保值增值、获得经济增加值（EVA），即获得大于 0 的净现值（NPV），本书对这一概念的界定也是和近些年国务院国资委下发的对企业业绩的考核要求相一致的。

自 2003 年以来，为了规范企业尤其是国有企业的经济行为，真实反映其经济效率和效果，国务院国资委先后出台了多项规定以加强对企业业绩的考核和管理力度，其中业绩考核的标准发生了较大改变：国资委于 2003 年在中央企业开始启动和测试 EVA 指标；2010 年推出《中央企业负责人经营业绩考核暂行办法》；2016 年 12 月出台的《中央企业负责人经营业绩考核办法》再次强调实施 EVA 考核。EVA 是企业的税后净营运利润减去包括债务和股权的全部投入成本和机会成本后的所得。EVA 与 ROA、ROE 的最主要区别是：EVA 强调了企业在投资时除了要考虑会计业绩外，还必须综合考虑投资的股权和债务的综合成本。之前在以 ROE 为主要考核指标的指引下，企业会片面地追求会计利润，忽视了权益资本成本，只要投资收益能够补偿债务资本成本的项目就可以投资，这样会造成企业为片面追求投资规模而忽视了投资效率。所以，当 ROE 增长的时候，EVA 可能会下降，两者的评价结果经常是不一致的。由此可见，国资委对企业业绩的考核已经由原来的只关注会计业绩的盈利能力（ROA 和 ROE）指标，转向综合考虑投资收益和成本的 EVA 指标。EVA 是收益和资本成本的差，本书所定义的投资效率是收益率和资本成本（以相对数表示）的比，两者的本质是一致的。

第 4 章

已有模型的讨论和本书对投资效率模型的构建

4.1　已有度量投资效率模型的讨论

国内外文献对投资效率度量的模型主要包括：①引用 FHP（1988）和 Vogt（1994）模型，依据“投资—现金流敏感性”和“投资—投资机会敏感性”进行度量。②引用 Richardson（2006）和 Biddle 等（2009）回归模型，将回归模型中大于 0 的残差定义为“过度投资”。

（1）FHP（1988）和 Vogt（1994）模型

Jensen（1986）认为，经理人会利用企业富裕的现金流扩大投资规模以谋取个人利益，因此过多的自由现金流就会导致经理人的过度投资行为。西方学者基于此观点试图通过投资与现金流的关系寻找企业过度投资行为的证据。

FHP（1988）（Fazzari、Hubbard 和 Peterson）从“投资—现金流”敏感性的角度分析了企业的融资约束。他们认为，由于资本市场中的信息不对称导致部分公司面临融资约束，使投资支出对现金流的变动非常敏感，因此提出了融资约束会导致投资不足的观点，文章得出的结论是：融资约束大的公司，投资对现金流更敏感。但这一结论遭到 Kaplan 和 Zingales（1997）的质疑，他们通过实证分析得出了与 FHP（1988）相反的结论，认为融资约束并不是投资对现金流敏感的唯一原因，并得到了 Cleary（1999）的支持。后续文献同时分析了融资约束与代理问题对“投资—现金流”敏感性的不同影响，如 Vogt（1994）借鉴了 Lang 和 Litzenberger（1989）的方法，通过在 FHP（1988）模型中增加了现金流与投资机会的交乘项，根据交乘项系数的符号来判断“投资—现金流”敏感性是由于融资约束（投资不足）还是公司治理（投资过度）导致的，其主要观点是：若是融资约束所致，企业就会表现出投资不足，这种情况下投资对现金流的敏感性为正；如果是代理问题引起的，企业就会表现为过度投资，投资对现金流的敏感性表现为负。FHP（1988）和 Vogt（1994）所提出的“投资—现金流”敏感性后期被国内外学者引用并用于分析企业投资效率。

国内学者通过实证分析对 FHP（1988）和 Vogt（1994）提出了质疑，如连玉君和程建（2007）认为，由于 FHP（1988）和 Vogt（1994）在模型中控制了托宾 Q（Tobin′s Q），Tobin′s Q 的衡量偏误会导致“投资—现金流”敏感性不能准确度量融资约束，于是他们在控制了 Tobin′s Q 衡量偏误的基础上，重新考虑了投资对现金流敏感性问题，得出了不同已有的结论：投资对现金流的敏感性反而在融资约束程度较轻的公司表现得更强，这类公司出现了过度投资；融资约束较严重的公司由于信息不对称表现为投资不足，因此代理问题是投资对现金流敏感性的主要原因。

尽管投资对现金流敏感性从某种程度上能够反映企业的投资效率，但学者们从不同角度提出了质疑，且此模型并不能具体量化企业的投资效率。

（2）Richardson（2006）和 Biddle 等（2009）回归模型

Richardson（2006）和 Biddle 等（2009）回归模型对“过度投资”和投资效率度量的基本思想是一致的，都是通过企业上一期的财务变量预测企业理想投资规模，并以大于 0 的残差度量“过度投资”。Biddle 等（2009）回归模型被少量文献引用，Richardson（2006）回归模型被国内外文献大量引用用于度量上市公司的“过度投资”和投资效率。两个模型都是通过实际投资规模与模型预测的投资规模的偏离度来度量投资效率，投资规模的偏离度能否真正度量企业的投资效率，也就是说回归模型大于 0 的残差能否度量“净现值（NPV）为负的投资”？目前并无文献进行分析考察。由于两个模型对过度投资的度量方法是类似的，因此本章重点分析实证分析中的主流模型 Richardson（2006）回归模型。

4.2　Richardson（2006）回归模型的探讨

4.2.1　Richardson（2006）回归模型及对“过度投资”的度量

Richardson（2006）通过构建模型量化企业的过度投资，其在文中首先定义了过度投资，强调了“过度投资是 NPV 为负的投资”①，该模型的具体含义是：将企业的投资分解成两部分，一部分是由企业上一期财务变量所拟合的必要支出（理想投资规模），另外一部分是实际投资超过模型预测的部分，即模型所预测的残差大于0的投资，并以这部分投资度量企业的“过度投资”，认为这部分投资使得企业净现值（NPV）为负，是低效率投资。国内外文献大量引用了此模型，并普遍将残差 $\varepsilon>0$ 的投资称为“过度投资”，残差 $\varepsilon<0$ 的投资称为“投资不足”，并认为残差绝对值越小，企业的非效率投资越低，投资效率就越高。

$$INV_t=\beta_0+\beta_1\cdot Tobin's\ Q_{t-1}+\beta_2\cdot Lev_{t-1}+\beta_3\cdot Cash_{t-1}+\beta_4\cdot Age_{t-1}+\beta_5\cdot Size_{t-1}+\beta_6\cdot Return_{t-1}+\beta_7\cdot INV_{t-1}+\sum YearIndicator+\sum IndustryIndicator+\varepsilon_t \quad (4-1)$$

Richardson（2006）回归模型具体见模型（4-1），其中因变量 INV_t 表示公司第 t 年的投资水平，多数学者以“购建固定资产、无形资产和其他长期资产支付的现金”来度量，并进行了总资产的标准化处理，如靳庆鲁等（2012）、程新生等（2012）、张新民等（2017）、刘艳霞和祁怀锦

---

① Richardson（2006）原文的部分内容：“Over-investment is defined as investment expenditure beyond that required to maintain assets in place and to finance expected new investments in positive NPV projects. To measure over-investment, I decompose total investment expenditure into two components: …” Richardson（2006）强调了过度投资是使企业净现值（NPV）为负的投资，并通过构建模型来量化企业的过度投资。

(2019）等。解释变量包括企业上一年度的投资机会（Tobin's Q_{t-1}）、资产负债率（Lev_{t-1}）、现金持有量（$Cash_{t-1}$）、股票收益率（$Return_{t-1}$）、公司年龄（Age_{t-1}）、规模（$Size_{t-1}$），以及上一年度投资（INV_{t-1}），采用OLS分析时控制了年度效应（ΣYearIndicator）和行业效应（ΣIndustryIndicator）。

国内外大量文献引用了Richardson（2006）回归模型分析了企业的投资效率和非效率投资，尤其探讨了如何抑制企业的过度投资行为，他们认为过度投资损害了企业价值，是低效率投资行为。这些文献对我国上市公司整体投资效率的判断和投资行为的深入研究，是本书研究的现实起点。

但Richardson（2006）回归模型所预测的投资规模与实际投资规模的偏离度能否有效度量企业的投资效率或非效率投资，换句话说模型残差大于0的投资能否导致企业净现值（NPV）小于0，这是本章探讨的首要问题。为此，本章从大数据和理论机理两个角度分析了此问题：①比较了此模型所度量的“过度投资”和“投资不足”企业的主要业绩指标；②从理论机理的角度进行了解释和分析。

4.2.2 “过度投资”与“投资不足”企业的业绩指标的比较

（1）样本的选取和数据来源

本书所有分析的数据都以2003—2019年我国A股上市公司作为初始样本，按照常规的处理剔除了以下三类上市公司：①金融行业上市公司；②相关变量缺失的公司；③非正常股价的公司（包括ST和PT公司、总资产增长率大于1和资产负债率大于1的公司）。由于本书分析中有增长率指标如销售收入增长率（Growth）、企业价值增长率（g_MV）等，因此最终得到了2004—2019年2 740个上市公司16年共24 244个观察值，其中以Richardson（2006）回归模型得到的残差不为0的样本20 444个。为了避免极端值的影响，所有的连续变量都进行了上下1%的Winsorize处理。本书的财务数据均来自CSMAR数据库，后文个别分析的其他数据来源均在相应的图表或分析中做了说明，部分模型中的变量由于数据缺失、含有增长率或者取了滞后一期的变量等，导致相应部分的分析样本减少。

（2）上市公司的“非效率”统计分析

表4－1是以Richardson（2006）回归模型所度量的我国上市公司“过度投资”和“投资不足”的统计分析。总观测值20 444个，其中残差小于0的观测值13 031个，残差大于0的观测值7 413个，“投资不足”的公司多于“投资过度”的公司①。上市公司总体投资水平是5.78%，“投资不足”公司的平均投资水平3.15%，比模型的预测值低2.25个百分点；“过度投资”公司的平均投资水平是10.41%，超出模型的预测值3.96个百分点；我国上市公司总体表现出“投资不足”，此结论与申慧慧等（2012）、张功富和宋献中（2009）、周伟贤（2010）得出的结论是一致的。

从表4－1的统计数据不难看出，Richardson（2006）回归模型所度量的“过度投资”企业的投资规模较大。此模型控制了行业效应，大于0的残差的含义是高于行业平均投资规模的投资，因此大于0的残差的样本实质上是投资规模高于行业平均投资规模的企业，不等同于“净现值为负的投资的企业”。

表4－1　2004—2019年我国上市公司“非效率”投资的统计分析

指标		样本数	平均值	中位数	标准差	最大值	最小值
投资不足	投资规模	13 031	0.031 5	0.022 9	0.031 0	0.219 4	0.000 2
	残差	13 031	－0.022 5	－0.017 1	0.021 7	－0.000	－0.217 2
过度投资	投资规模	7 413	0.104 1	0.086 1	0.071 3	0.328 1	0.000 2
	残差	7 413	0.039 6	0.022 8	0.046 8	0.312 8	0.000 0
总样本	投资规模	20 444	0.057 8	0.038 9	0.060 6	0.328 1	0.000 2
	残差	20 444	－0.000 0	－0.008	0.044 6	0.312 8	－0.217 2

① “投资不足”和“投资过度”样本数相差较大，可能是因为有些公司的残差绝对值较大所致。当控制了公司系统性因素的影响，比如当采用公司固定效应模型时，“投资不足”的公司10 489个，占比51.31%，投资过度公司9 955个，占比48.69%，“投资不足”与“投资过度”样本数比值接近于1。但学者们在引用Richardson（2006）模型评价投资效率时，几乎全都采用了OLS回归方法，为了使得分析结果具有可比性，本书也同样使用OLS方法进行模型参数的估计。

(3)“过度投资”和“投资不足”企业会计业绩指标的比较

本书选取了反映企业经营成果的重要财务指标：总资产利润率 ROA（ROA = EBIT/平均总资产）、净资产利润率 ROE（ROE = 净利润/所有者权益）、销售收入利润率 OPM（OPM = 利润总额/营业收入）、销售收入增长率 Growth［Growth =（本期营业收入 - 上期营业收入）/上期营业收入］以及总资产周转率 AT（AT = 营业收入/平均总资产），分别按照 Richardson（2006）回归模型所度量“投资不足”和“过度投资”进行平均数和中位数的统计分析。分析结果如表 4 - 2 所示，结果表明：反映企业会计业绩的五个指标不论是平均值还是中位数，“过度投资”较“投资不足”企业的会计业绩都显著好，并且经过平均数差异的 t 检验和中位数差异的秩和检验，结果均在 1% 的显著性水平上显著。通过分析我们发现：Richardson（2006）回归模型所度量的“过度投资”企业比“投资不足”企业有更好的会计业绩，“过度投资”并非理论意义的低效率投资，不等同于“净现值为负的投资”。

表 4 - 2　“过度投资”和“投资不足”的业绩指标的比较

指标	平均值			中位数		
	过度投资	投资不足	差异值	过度投资	投资不足	差异值
ROA	0.067 0	0.053 5	0.013 5***	0.055 6	0.046 0	0.009 6***
ROE	0.081 1	0.053 1	0.028 0***	0.079 8	0.063 0	0.016 8***
OPM	0.094 9	0.079 6	0.015 3***	0.075 8	0.064 0	0.011 8***
Growth	0.194 1	0.136 9	0.057 2***	0.124 8	0.083 5	0.041 3***
AT	0.732 0	0.686 8	0.045 2***	0.621 4	0.568 3	0.053 1***

注：*、**、*** 分别表示在 10%、5%、1% 的显著性水平上显著。

(4) 稳健性检验——重新度量“过度投资”和“投资不足”

由于 Richardson（2006）回归模型所得到的残差只有大于 0 和小于 0，将所有上市公司的投资都认为是非效率投资显然有些不合适的，借鉴周伟贤（2010）的研究，本书将企业的投资分为“过度投资”“最优投资”和“投资不足”，即将残差等于 0 附近的样本认为是“最优投资”。本书将残差大于 0 的样本按照中位数值分成两个区间，大于中位数的样本认为是

“过度投资”，小于中位数的样本认为是“最优投资”；同样将残差小于 0 的样本也按照中位数值分成两个区间，小于中位数的样本认为是“投资不足”，大于中位数的样本认为是“最优投资”。按照此标准对“过度投资”和“投资不足”企业重新进行比较分析。

“过度投资”与“投资不足”企业的投资规模和残差的统计分析结果如表 4 -3 所示，“过度投资”较“投资不足”企业投资规模高（分别为 14.74% 和 3.29%）的事实并未发生改变。不仅如此，两者投资规模的差距反而加大，即“过度投资”企业实际是高于行业平均投资规模的投资。

表 4 -3　2004—2019 年我国上市公司“非效率”投资的统计分析

指标		样本数	平均值	中位数	标准差	最大值	最小值
投资不足	投资规模	6 515	0.032 9	0.022 8	0.032 8	0.215 6	0.000 2
	残差	6 515	-0.0361	-0.028 3	0.023 5	-0.017 1	-0.217 2
过度投资	投资规模	3 707	0.147 4	0.129 5	0.071 6	0.328 1	0.030 8
	残差	3 707	0.0699	0.052 7	0.050 1	0.312 8	0.022 8
总样本	投资规模	10 222	0.074 4	0.048 1	0.074 6	0.328 1	0.000 2
	残差	10 222	0.0023	-0.021 2	0.062 1	0.312 8	-0.217 2

“过度投资”和“投资不足”的会计业绩的比较，结果见表 4 -4，结论仍然不变：“过度投资”企业比“投资不足”企业有更高的会计业绩，两者业绩的差距值（较表 4 -2 所列示的结果）更大，表明 Richardson（2006）回归模型所度量的“过度投资”并非是理论意义的低效率投资。

表 4 -4　“过度投资”和“投资不足”的业绩指标的比较

指标	平均值			中位数		
	过度投资	投资不足	差异值	过度投资	投资不足	差异值
ROA	0.074 0	0.054 2	0.019 8 ***	0.061 9	0.046 5	0.015 4 ***
ROE	0.090 4	0.049 0	0.041 4 ***	0.085 9	0.060 4	0.025 5 ***
OPM	0.107 0	0.081 7	0.025 3 ***	0.084 2	0.066 6	0.017 6 ***
Growth	0.214 4	0.135 2	0.079 2 ***	0.143 4	0.088 9	0.053 5 ***
AT	0.731 9	0.668 4	0.063 5 ***	0.626 5	0.555 9	0.070 6 ***

注：*、**、*** 分别表示在 10%、5%、1% 的显著性水平上显著。

4.2.3 从机理视角的分析

(1) 投资效率的定义

Jensen（1986）从理论角度提出了过度投资的定义，他指出过度投资是投资于净现值（NPV）为负的项目的投资。净现值是按照一定的折现率计算的投资项目未来现金流入与现金流出折现的代数和，折现率通常可用资本成本度量，净现值为负意味着投资项目的收益率小于资本成本，是从投入产出的角度定义的，因此 Jensen（1986）定义的过度投资必然会使得企业的投资效率（收益率/资本成本）小于 1。而 Richardson（2006）回归模型，是以投资规模为被解释变量，以企业可观察的多方面财务变量为解释变量，对投资规模进行的预测，此回归模型的“过度投资”强调的是：通过可观测的财务变量所预测的理想投资规模，超过这一预期的投资规模被认为是“过度投资”。因此，解释变量能否有效预测企业的最佳投资规模是模型度量投资效率准确性的关键。“最佳”的定义应该依据理论上的投资效率（Jensen，1986），但是 Richardson（2006）回归模型的被解释变量只包含了企业上一期的财务变量，企业投资决策中的众多因素是不可预见或者不可衡量的，也就是说研究人员不可能完全预知企业所面临的投资机会以及决策人对这些投资机会的识别，而投资规模的选择应是企业依据自身财务状况、未来可能的投资机会和市场环境变化等而做出的面向未来的决策。有文献研究表明货币政策（靳庆鲁等，2012）、融资约束（喻坤等，2014）、经济政策不确定性（宫汝凯等，2019；刘贯春等，2019）等都直接影响到企业的投资行为和投资规模。企业所面临的不可预知和不可识别的投资机会、宏观经济环境、行业竞争度、企业和行业生命周期、融资约束等都会在很大程度上影响企业的最佳投资规模，因此对未来投资机会的识别和判断更重要，所以模型的残差包含了众多不可观测的、影响企业最优投资规模的因素，残差并不能从投入产出的角度量化企业非效率投资。

（2）残差的解释

Richardson（2006）回归模型的“过度投资”是指模型的残差大于0的投资规模，残差是不能被模型自变量解释的部分，残差除了包含企业可能的实际过度投资外，还包含了影响企业投资但是被遗漏的、不可观测和不可度量的变量，因此，残差只能被理解为模型不可解释的部分，残差的大小不能直接量化“过度投资”和“投资不足”。此外，Richardson（2006）回归模型对投资效率的度量主要基于对理想投资规模的预测，预测准确性高需要有较高的R^2，本书运用此模型对我国上市公司回归得出的R^2的值为45.82%，为了结果的稳健性，本书将模型右边的变量按照我国学者不同的度量指标均得到了一致的结论，模型的R^2均不超过50%，说明模型右边的解释变量只能解释因变量投资规模不足一半的程度，不能被模型所解释部分的比例较大。因此，Richardson（2006）回归模型预测的投资规模（因变量）不能完全等同由企业财务变量（自变量）所解释的投资规模。

（3）理论分析

由表4-1可知，Richardson（2006）回归模型所度量的“过度投资”企业投资规模高，由于文献普遍采用了OLS方法回归，大于0的残差包含的信息是投资规模超过行业平均投资规模的投资，因此此模型的“过度投资”企业实际上度量的是投资规模较大的企业，“投资不足”企业则是投资规模低于行业平均投资规模的那些企业。国内众多学者从融资约束和代理问题分析了导致企业“过度投资”的原因，但依据资本逐利的经济规律，决定企业投资活动和投资规模最重要的是：投资的盈利性以及所带来的企业价值的提升。在进行投资决策时，除了融资约束和经理人的“利己”目的外，作为一个理智的经理人，提高企业价值才是他在投资时首先考虑的因素。根据增长期权理论，当企业面临好的投资机会时，高盈利能力企业就会执行增长期权，扩大投资规模以创造更多的企业价值，直至边际投资收益率等于1。因此，投资收益率高的企业投资规模通常会高于行业平均投资水平。由表4-1可知，Richardson（2006）回归模型所度量的“过度投资”企业的投资规模为10.41%，高于所有上市公司的平均投资规模（5.78%），也高于“投资不足”企业的投资规模（3.15%），也就是说“过度投资”企业的平均投资规模大，正是由于大于1的边际投资收益率驱使企业提高投资规模。据此，我们不难理解Richardson（2006）回归模型所度量的“过度投资”企业投资收益率高。相反，当公司面临较差的投资机会时，低盈利能力的企业会执行清算期权，缩减投资规模，避免继续损毁公司价值（靳庆鲁等，2012）。而面对损毁企业价值，企业会缩减投资，很容易导致规模上的“投资不足”（Richardson回归模型所度量的残差小于0的企业）。这也正是本书分析得出“过度投资”较“投资不足”企业的投资收益率高的重要原因。

总之，Richardson（2006）回归模型度量的“过度投资”是相对企业理想投资规模的偏差，并且模型中理想的投资规模是基于可观察的财务变量，此回归模型强调的是基于可观察的财务变量所预测的规模上的过度投资，超过回归模型预测值的投资不等同于从投入产出角度的低效率或者理论上的过度投资，两者的“过度投资”有着本质的区别，不能将两者混为一谈。

4.3　度量企业投资效率模型的构建

由于不可观测及不可量化因素的存在，我们不可能通过回归模型来预测企业的最优投资规模，我们所能衡量的只能是事后的投资效率，但是这种事后投资效率不能以基于财务变量所建立的Richardson（2006）回归模型来度量，而应基于市场定价的模型，通过事后的投资效率来推断企业的投资是过度还是不足。

本节首先补充了企业投资效率模型构建的理论框架，然后在Muller和Reardon（1993）模型的基础上，结合我国上市公司的投资现状，对此模型进行了修正，构建了度量企业投资效率的模型。

4.3.1 模型构建的理论基础

凯恩斯理论认为，若投资的资本边际效率大于市场利率，投资者就会从投资中获利，进行投资或扩大投资规模，凯恩斯理论强调了资本家进行投资决策的判断标准——资本边际效率，资本边际效率是以复利为折现率所计算的企业投资预期可赚得的利润率，该理论从投入产出的角度强调了投资决策准则。Jorgenson（1963）等从微观企业最优行为出发，创立了新古典理论模型，提出了最优投资水平是“资本的边际收益等于资本的边际成本”。现代投资理论几乎都强调从投入产出的角度进行投资决策，因此我们对投资效率的度量也应考虑投资的投入产出关系，NPV 现实中很难量化，但我们可以借助资本市场定价实现对投资效率的量化。

1969 年，诺贝尔经济学奖得主詹姆斯托宾提出了著名的托宾 Q 理论，该理论认为，当且仅当投资项目能增加企业的市场价值时，项目才会被接受；企业市场价值的增加，是股票市场根据该项目未来的预期收益和风险做出的综合反应。Q 值理论表明企业市场价值是衡量企业投资效率的关键因素，其重大贡献是通过企业市场价值沟通了虚拟经济和实体经济。资本市场是被社会公认的市场经济中虚拟经济的主要载体，股票市场股价的波动与实体经济的运行有着密不可分的联系。

Fama（1970、1976）做了一系列定义资本市场有效性概念的工作，他定义了三类有效性（强势、半强势和弱势有效），从不同程度上体现了价格对信息的反映程度，他认为当企业和市场的所有信息（包括公开的和内部的信息）可以通过股票价格的传导而反映出来时，此时资本市场便是强势有效的。如果市场是强势有效的，那么即使公司内部的独家信息也会被反映在股票价格中，即股票价格在投资者能利用这一内部信息之前已经进行了调整，因此这项内部消息不能使投资者获利。在强势资本市场中，知情交易者能够根据信息对未来出现的状态做出更为准确的估计，并以此建立头寸。当所有的知情交易者都采取这种行动时，现价就会受到影响。而不知情交易者无法收集到这些信息，但是他们可以根据现价的变化来推断知情交易者所获得的信息。因此市场价格对信息就会起到聚合作用，使得所有的交易者（不管是知情交易者还是不知情交易者）都能获得知情交易者拥有的信息，那么没有人能够获得超额的收益。

有效资本市场意味着证券价格能够及时、准确地反映所有的相关信息，资本市场有效性意味着没有人能够战胜市场（即不能获得超额收益）。投资者无需担心发行价格被错误估计，同样政府部门也可以信赖资本市场。

Fama 的有效市场假说带给投资者的重要启示是：尽管现实中强势有效市场不存在，但证券价格传递着企业经营和发展的优劣，能够较准确反映企业价值，因此无论是投资者、政府部门都可以依据股票价格做出相关决策。信息和财务数据的公开透明是上市公司区别非上市公司的本质特征之一，特别是在现代化的信息网络时代，上市公司的任何价值创造或者损害行为都会在零时间通过网络和新闻系统被投资者捕捉，上市公司的公司业绩和未来发展前景等最终都会如实通过股价反映出来，不会因为所谓更有效的“公关”处理而被扭曲。中国已逐步完成了计划经济向市场经济的转型，随着市场经济的深入发展和资本市场的进一步规范和完善，股票市场的价格正传递着公司较全面的信息。

艾尔文·费雪尔（1906）资本预算评估理论指出，任何财产或者经济主体所拥有财富的价值均取决于他们所带来的预期货币收入的能力或权力，因而财产或权利的价值可以通过其未来预期收入进行贴现得到。对企业来说，投资将会使企业获得持续的回报，企业通过投资所获得的价值增值来源于投资带给企业持续回报的折现。如果一项投资的未来现金流的折现值大于投资金额，这项投资的 NPV > 0，即投资收益率大于资本成本，是高效投资。但通过估算每个项目、每个企业的未来现金流及折现率来计算 NPV 和投资效率显然是不现实的。如果我们相信市场是相对高效的，即市场价格能够反映所有投资者对未来的预期（Fama，1970），那么我们可以通过企业投资对企业市场价值的影响来衡量投资效率。举例来说，如果企业某年新增投资 1 元钱，企业市场价值也增加 1 元钱，那该企业投资的净现值 NPV = 0，投资效率 = 1；如果企业市场价值增值高于 1 元钱，则投资净现值 NPV >0，投资效率 >1，投资是高效的；反之，投资是低效的。Mueller 和 Reardon（1993）模型就是基于这一理论框架来衡量企业投资效率，本书在考虑模型内生性问题的基础上对此模型进行了修正。

4.3.2 模型构建的基本思路

（1）Muller 和 Reardon（1993）模型构建的基本思路

Muller 和 Reardon（1993）构建了模型（4－2），其基本思想是：若 i 企业第 t 期的投资 INV_{it}能够持久地取得投资收益，假设投资的年均回报率为 r，c 是企业的折现率也就是年均资本成本，则该企业第 t 期投资（INV_{it}）能给企业带来投资收益的现值是 $PV_{it}=(INV_{it}\cdot r)/c$。在第 t 期末，企业的市场价值（$MV_{it}$）应等于期初的市场价值（$MV_{it-1}$）加上本期投资对企业价值的贡献（$PV_{it}$），减去资产的折旧额（或称为减值 $=\delta_{it}\cdot MV_{it-1}$）（$\delta_{it}$表示折旧率），加上影响企业价值的随机因素 μ_{it}（$E(\mu_{it})=0$）。

$$MV_{it} = MV_{i,t-1} + PV_{it} - \delta_{it} \cdot MV_{i,t-1} + \mu_{it} \tag{4-2}$$

由于 $PV_{it}=INV_{it}\cdot r/c$，代入模型（4－2）中，将 MV_{it-1}移项到左边并对模型进行年初市场价值（MV_{it-1}）的标准化处理，得到模型（4－3），将模型（4－3）各变量符号简化后得到模型（4－4）。

$$\frac{MV_{it} - MV_{i,t-1}}{MV_{i,t-1}} = -\delta_{it} + \frac{r}{c} \cdot \frac{INV_{it}}{MV_{i,t-1}} + \frac{\mu_{it}}{MV_{i,t-1}} \tag{4-3}$$

$$g\_MV_{it} = -\delta_{it} + q_1 \cdot INV_{it} + \varepsilon_{it} \tag{4-4}$$

模型（4－4）主要变量的含义：g_MV_{it}是企业价值增长率；INV_{it}是以期初市场价值标准化的投资，本期投资（INV_{it}）的系数 q_1就是投资效率，由模型（4－2）至模型（4－4）的推导过程可知 $q_1=r/c$，即投资效率＝投资收益率/资本成本，其经济意义是企业当期新增投资的年收益率与资本成本的比，度量了企业新增投资对其市场价值增值的贡献；q_1是从投入产出角度度量企业的投资效率，在计量过程中 q_1是通过回归模型系数直接求得的。

（2）我国上市公司投资效率模型的构建

王竹泉（2017）认为，经营投资活动和对外投资活动构成企业的总投资活动，其中对外投资活动是企业通过投资其他企业，将资金的直接使用权转移给被投资企业，分享被投资企业创造的价值以实现企业价值增值的目标。而经营投资活动是企业利用厂房设备等固定资产、技术等直接创造价值的活动，经营投资活动既是推动实体经济发展的主要源泉，也是企业价值增值的关键。

党的十九大报告提出，“建设现代化经济体系，必须把发展经济的着力点放在实体经济上”，报告所强调的为实体经济发展所进行的活动就是企业的经营投资活动，本书所研究的经营投资活动（后文简称为投资活动，INV）归属于企业长期经营投资活动。广义上讲，企业经营投资支出应该包括构建固定资产、无形资产和其他长期资产的支出，以及公司并购支出、广告和研发支出。考虑到我国上市公司的并购、研发支出和广告支出数据的不可全部获得以及本书的研究目的，企业当期的投资支出借鉴大多数研究投资效率的文献，如靳庆鲁等（2012）、程新生等（2012）、张新民等（2017）、刘艳霞和祁怀锦（2019）等以现金流量表“构建固定资产、无形资产和其他长期资产支付的现金”度量，并以期初市场价值进行了标准化处理，其度量口径同前文 Richardson（2006）投资一致。为了得到当期（经营）投资支出的投资效率，应该在模型（4－4）中控制企业对外投资活动对企业价值增值的影响，对外投资活动（Finance）以现金流量表中“投资支付的现金”度量，并经过年初市场价值标准化处理，同时控制了企业特征变量：资产负债率（Lev）、企业规模（Size）、企业年龄（Age）和所有权性质（SOE），上述所有控制变量用 ΣControl 表示、ΣYearIndicator 和 ΣIndustryIndicator 表示运行 OLS 同时控制了年度效应和行业效应，建立模型（4－5）。模型（4－5）变量的具体定义见表 4－5。

模型（4－5）是本书分析企业投资效率的主模型，由模型（4－2）至模型（4－5）的推导过程可知，本期经营投资（INV_{it}）的系数 $q_1 = r/c$（投资效率＝投资收益率/资本成本）度量了企业经营投资的投资效率，其含义是：本期（经营）投资所带来的企业价值的增值率。若 $q_1 > 1$ 表明在控制其他变量不变的条件下，1 单位经营投资带来的企业价值增值是 q_1，即企业市场价值的增值大于经营投入，企业（经营）投资效率高，企业实际上是处于投资不足的状态，应继续投资直至 $q_1=1$；相反当 $q_1<1$ 表明企业投资的收益率小于资本成本，企业效率低，存在过度投资行为。在计量过程中，q_1是通过回归模型系数直接求得的。

$$g\_MV_{it} = \delta_{it} + q_1 \cdot INV_{it} + \sum Control + \Sigma YearIndicator + \Sigma IndustryIndicator + \varepsilon_{it} \tag{4-5}$$

$$g\_MV_{it} = \delta_{it} + q_1 \cdot INV_{it} + q_2 \cdot W \cdot INV_{it} + q_3 \cdot W + \sum Control + \sum YearIndicator + \sum IndustryIndicator + \varepsilon_{it} \tag{4-6}$$

若要分析某一变量 W 对投资效率的影响，应在模型（4－5）中加入 W 与 INV 的交乘项（W · INV），如模型（4－6）。交乘项（W · INV）系数 q_2表示变量 W 对企业投资效率的影响：若 $q_2>0$ 时，表明 W 提高了企业的投资效率；相反，若 $q_2<0$，表明 W 降低了企业的投资效率。

表 4－5　　模型（4－5）主要变量的定义

变量	变量名称	变量的定义
g_MV	市场价值变动率	（期末企业市场价值－期初企业市场价值）/期初市场价值 其中，企业市场价值＝负债账面价值＋股票市值
INV	本期经营投资	本期构建固定资产、无形资产和其他长期资产所支付的现金/期初企业市场价值
Finance	本期对外投资	本期投资支付的现金/期初市场价值
SOE	所有权性质	国有企业，SOE＝1；非国有企业 SOE＝0
Lev	负债率	总负债/总资产
Size	企业规模	总资产的对数
Age	公司年龄	（公司成立年龄＋1）取对数

注：模型（4－5）的 ΣControl 包括：对外投资活动（Finance）、所有权性质（SOE）、资产负债率（Lev）、企业规模（Size）和企业年龄（Age）。

4.4 我国上市公司投资效率的度量及模型的应用

4.4.1 描述性统计

（1）描述统计及相关系数

表4-6是模型（4-5）主要变量的描述统计，企业市场价值变化率（g_MV）的均值为19.21%，中位数为7.18%，标准差达到了52.62%，最大值为228.50%，最小值出现负数，综合来看大多数上市公司年市场价值增值率为7.18%，但是差距较大，大部分企业市场价值增值率是小于平均数的，有的企业甚至出现了负增长。企业当期经营投资（INV）的平均值是3.21%，中位数是1.94%，中位数小于平均数，表明大多数企业的投资水平低于平均数，说明我国上市公司投资规模普遍不高。企业的对外投资活动（Finance）尽管平均数较大，为4.15%，但中位数很小，仅为0.32%，且1/4分位数值为0，表明企业的对外投资活动波动很大，但大多数企业对外投资规模都很小。从INV和Finance的描述统计可以看出：我国上市公司大多在进行实体经济投资活动。

表4-6 模型（4-5）主要变量的描述统计

variable	mean	sd	min	p25	p50	p75	max
g_MV	0.192 1	0.526 2	-0.616 4	-0.147 1	0.071 8	0.387 7	2.285 0
INV	0.032 1	0.036 7	0.000 1	0.007 3	0.019 4	0.042 9	0.196 4
Finance	0.041 5	0.099 3	0.000 0	0.000 0	0.003 2	0.028 0	0.601 8
Lev	0.472 6	0.197 0	0.067 9	0.322 6	0.478 0	0.624 1	0.889 5
Size	22.224 8	1.294 5	19.630 0	21.326 5	22.060 3	22.960 3	26.101 5
Age	2.788 2	0.357 0	1.609 4	2.564 9	2.833 2	3.044 5	3.434 0

表4-7是模型（4-5）变量之间的相关系数表，企业价值变化率（g_MV）与本期经营投资（INV）、对外投资（Finance）的相关系数分别为0.184、0.018且高度显著，表明在没有控制其他因素的条件下，企业本期经营投资和对外投资活动都显著地提高了企业的市场价值。企业规模（Size）和成立时间（Age）与企业价值增长率（g_MV）的相关系数分别为-0.106和-0.170，表明规模小和成立时间短的企业价值增长率大，这与我国资本市场现状是一致的。

表4-7　模型（4-5）变量的相关系数

	g_MV	INV	Long	Lev	Size	Age
INV	0.184***	1				
Finance	0.018**	-0.060***	1			
Lev	0.001	0.130***	-0.179***	1		
Size	-0.106***	0.206***	0.044***	0.411***	1	
Age	-0.170***	-0.185***	0.083***	0.096***	0.180***	1
SOE	-0.009	0.100***	-0.107***	0.217***	0.249***	0.071***

注：*、**、***分别表示在10%、5%、1%的显著性水平上显著。

4.4.2　我国上市公司投资效率的测度及模型的应用

表4-8报告了我国上市公司2004—2019年投资效率。其中，（1）是应用模型（4-5）对上市公司的投资效率进行度量的结果，INV系数值为1.524>1，表明我国上市公司总体来说投资效率较高，即投资收益率高于资本成本。对这一结果数值的大致估算如下：由于现有财务报表并没有单独反映企业长期投资的收益，投资收益率难以量化，可以以企业的ROA和ROE进行近似替代，经统计上市公司的ROA均值为0.058 4，ROE为0.063 2，通常股权融资成本稍高于负债成本（或者认为两者大致相等），银行基准借款利率的年均值约为0.051 9，考虑到负债的抵税效应，税后的企业借款利率约为0.038 9，企业的收益率高于成本，此结果与企业实际还是较相吻合的。

表4-8 我国上市公司投资效率的测度

	(1) 全样本	(2) 全样本	(3) GROA=1	(4) GROA=0
INV	1.524***	1.124***	1.538***	1.292***
	(17.96)	(11.81)	(11.71)	(13.29)
GROA·INV		0.748***		
		(5.12)		
GROA		0.083***		
		(11.97)		
Finance	0.209***	0.195***	0.186***	0.221***
	(6.97)	(6.60)	(4.66)	(5.68)
Lev	-0.022	0.085***	0.127***	0.048**
	(-1.50)	(5.50)	(4.79)	(2.55)
Size	-0.011***	-0.020***	-0.015***	-0.027***
	(-4.52)	(-8.32)	(-3.68)	(-8.85)
Age	-0.022***	-0.020**	-0.037***	0.000
	(-2.72)	(-2.55)	(-3.04)	(0.01)
SOE	-0.042***	-0.034***	-0.035***	-0.027***
	(-8.13)	(-6.63)	(-4.26)	(-4.19)
聚类	公司	公司	公司	公司
行业	控制	控制	控制	控制
年度	控制	控制	控制	控制
N	20 444	20 444	10 222	10 222
Adj. R^2	0.563	0.573	0.578	0.571

注：回归的因变量是企业价值的变动率（g_MV），表中没有列出常数项的回归结果，括号内为系数的双尾检验t值；*、**、***分别表示在10%、5%、1%的显著性水平上显著。

表4-8的（2）（3）和（4）以实例说明如何应用模型（4-6）分析某一变量W对投资效率的影响。我们以ROA为例，将ROA定义为哑变量GROA，具体定义如下：当ROA大于中位数时，定义GROA=1；当ROA小于中位数时，定义GROA=0。也就是在模型（4-5）中加入GROA与INV交乘项（GROA·INV），即应用模型（4-6）进行回归，结果如表4-8的（2），GROA·INV的系数为0.748，且高度显著，表明ROA高的企业相对于ROA低的企业投资效率高0.748。表4-8的（3）和（4）是

分别在 GROA =1 和 GROA =0 样本组中应用模型（4 -5）进行分组回归的结果，两个分组投资效率分别为 1.538 和 1.292，并且经过统计检验，两个分组 INV 系数值存在显著性差异（P 值 =0.021 3），与（2）的结论一致，即 ROA 高的企业较 ROA 低的企业的投资效率高，或者说 ROA 显著提高了企业的投资效率。

在第5章经济政策不确定性对投资效率的影响分析中，本书将引用模型（4 -6）进行分析。

4.5 模型可靠性的检验和内生性讨论

4.5.1 可靠性检验

为了检验模型的有效性，本书选取了企业其他业绩指标如净资产收益率（ROE）、营业收入增长率（Growth）、营业收入利润率（OPM）、总资产周转率（AT）分析了它们对投资效率的影响，同样的思路，将上述变量按照中位数生成哑变量分别为 GROE、GGrowth、GOPM 和 GAT，上述哑变量以 W 表示，当 W 值大于中位数时定义 W =1，小于中位数时定义 W =0，应用模型（4 -6）进行回归，结果如表 4 -9 所示，各指标哑变量 W 与投资 INV 交乘项（W · INV）系数值分别为 0.468、0.567、0.543 和 0.438，皆大于 0 且显著，得出了一致的结论：会计业绩指标值高的企业较业绩指标值低的企业投资效率显著高，这一结论与事实和理论是吻合的，表明模型（4 -5）和模型（4 -6）对投资效率的度量与实际是相符的，模型是可信的。

表 4 -9　　不同业绩指标对投资效率影响的测度

	(1) GROE	(2) GGrowth	(3) GOPM	(4) GAT
INV	1.250***	1.082***	1.215***	1.327***
	(12.94)	(10.46)	(12.16)	(13.23)
W	0.094***	0.104***	0.079***	0.030***
	(14.20)	(15.55)	(11.07)	(4.28)
W · INV	0.468***	0.567***	0.543***	0.438***
	(3.21)	(3.87)	(3.64)	(2.84)
Finance	0.197***	0.209***	0.193***	0.209***
	(6.68)	(7.26)	(6.52)	(6.97)
Lev	0.027*	-0.024*	0.080***	-0.029*
	(1.86)	(-1.77)	(5.10)	(-1.95)
Size	-0.024***	-0.015***	-0.019***	-0.012***
	(-9.64)	(-6.21)	(-7.54)	(-4.80)
Age	-0.020**	-0.011	-0.023***	-0.021**
	(-2.56)	(-1.41)	(-2.89)	(-2.55)
SOE	-0.032***	-0.034***	-0.031***	-0.044***
	(-6.42)	(-7.24)	(-6.20)	(-8.47)
聚类	公司	公司	公司	公司
行业	控制	控制	控制	控制
年度	控制	控制	控制	控制
N	20 444	20 444	20 444	20 444
Adj. R^2	0.574	0.576	0.570	0.565

注：回归的因变量是企业价值的变动率（g_MV），表中没有列出常数项的回归结果，括号内为系数的双尾检验 t 值；*、**、*** 分别表示在 10%、5%、1% 的显著性水平上显著。

4.5.2　内生性讨论

内生性可能由两个渠道产生：反向因果（或互为因果）和遗漏变量（Chi，2005）。预防内生性的首要防线是坚实的理论基础，其次是严谨的实证设计。从理论角度来讲，企业价值的变化是由企业的资产变化来驱动的，所以投资影响企业价值变化有充足的理论依据，也是本书回归模型（4 -5）的理论基础。从实证角度，我们对内生性产生的两种可能逐一排除。

（1）反向因果

依据理论角度分析，反向因果导致模型（4－5）内生性的可能性较低。模型（4－5）的被解释变量是企业价值增长率，主要由股票价格的变化来驱动，解释变量是企业当期经营投资。在资本市场中，股价对企业投资行为的反应是及时和灵敏的，企业的投资活动会同步引起资本市场股价的变化，因此，企业当期经营投资会引起当期市场价值的变动。反向因果的可能机理是经理人通过观察股票价格的变化来推测投资机会的变化，从而决定投资计划。如果这个反向因果确实存在，其效果应该是滞后的，也就是说经理人可能会依据上期的股价变化来决定当期的投资策略，这是因为股票价格变动是频繁的，而投资决策是企业战略发展比较谨慎的决策，经理人不太可能根据当期股价的变动很快做出经营投资行为。为了控制这种反向因果的可能性，我们在模型（4－5）中加入了企业价值变动率（g_MV）的滞后一期项（L. g_MV），结果见表 4－10 的（6）。当期经营投资（INV）的系数变动很小［由（4）INV 系数为 1. 524，变为（6）INV 系数为 1. 571］。因此，反向因果的内生性问题在本模型基本可以忽略。

表 4－10　　　　模型（4－5）内生性问题的讨论

	(1)	(2)	(3)	(4)	(5)	(6)
INV	2. 645***	1. 381***	1. 394***	1. 524***	1. 527***	1. 571***
	(24. 24)	(16. 40)	(16. 58)	(17. 96)	(17. 99)	(16. 73)
Finance			0. 231***	0. 209***	0. 204***	0. 218***
			(7. 94)	(6. 97)	(6. 83)	(6. 56)
Lev				－0. 022	－0. 010	－0. 032**
				(－1. 50)	(－0. 69)	(－2. 01)
Size				－0. 011***	－0. 018***	－0. 014***
				(－4. 52)	(－6. 30)	(－5. 25)
Age				－0. 022***	－0. 022***	－0. 029***
				(－2. 72)	(－2. 73)	(－3. 05)
SOE				－0. 042***	－0. 039***	－0. 046***
				(－8. 13)	(－7. 59)	(－8. 02)

续表

	(1)	(2)	(3)	(4)	(5)	(6)
Pay					0.023***	
					(5.75)	
Board					-0.025*	
					(-1.74)	
Idd					0.007	
					(0.14)	
L.g_MV						-0.021***
						(-2.61)
聚类	公司	公司	公司	公司	公司	公司
行业	—	控制	控制	控制	控制	控制
年度	—	控制	控制	控制	控制	控制
N	20 444	20 444	20 444	20 444	20 444	17 199
Adj. R^2	0.034	0.558	0.560	0.563	0.564	0.578

注：回归的因变量是企业价值的变动率（g_MV），表中没有列出常数项的回归结果，括号内为系数的双尾检验 t 值；*、**、*** 分别表示在 10%、5%、1% 的显著性水平上显著。

（2）遗漏变量

本书认为 Mueller 和 Reardon（1993）模型的主要内生性是遗漏变量引起的，表 4-10 的（1）至（4）通过逐步加入控制变量，模型（4-5）尽可能控制了影响企业价值变动率的因素，本书控制了企业对外投资活动（Finance），公司特征因素（资产负债率 Lev、企业规模 Size、年龄 Age、所有权性质 SOE），行业和年度效应对企业价值变动率的影响。为了进一步测试遗漏变量的影响，在回归模型（4-5）中加入了更多的控制变量，如控制了反映公司治理结构的变量：公司董事会人数取对数（Board），董事、监事及高管薪酬总额取对数（Pay），独立董事所占比例（Idd）。回归结果见表 4-10 的（5），INV 系数由 1.524 变为 1.527，INV 系数值变动很小，可以认为模型（4-5）还是比较可靠的。

从理论和实证角度我们都逐一排除了模型（4-5）的内生性，模型（4-5）可以较好地度量我国上市公司理论的投资效率。

4.6　稳健性检验

本章进行了如下的稳健性检验，本章的所有结论不变：

①投资（INV）借鉴国内主要文献（徐德玉和周玮，2009；张会丽和陆正飞，2012；刘行和叶康涛，2013；刘凤委和李琦，2013；柳建华等，2015），以现金流量表的“构建固定资产、无形资产和其他长期资产支付的现金与处置固定资产、无形资产和其他长期资产收回的现金的差”来度量，同时对外投资（Finance）以现金流量表中“投资支付的现金与收回投资收到的现金的差”来度量，本章的分析结论不变，表 4－1、表 4－2、表 4－3、表 4－4、表 4－8、表 4－9 和表 4－10，所对应的稳健性检验的结果分别见表 4－11、表 4－12、表 4－13、表 4－14、表 4－15、表 4－16 和表 4－17。

表 4－11　稳健性检验 2004—2019 年我国上市公司“非效率”投资的统计分析

指标		样本数	平均值	中位数	标准差	最大值	最小值
投资不足	投资规模	12 798	0. 028 2	0. 020 5	0. 032 0	0. 219 1	－0. 036 3
	残差	12 798	－0. 023 4	－0. 017 4	0. 022 8	－0. 000 0	－0. 243 9
投资过度	投资规模	7 646	0. 098 4	0. 080 7	0. 071 7	0. 325 5	－0. 010 0
	残差	7 646	0. 039 1	0. 022 4	0. 046 4	0. 321 5	0. 000 0
总样本	投资规模	20 444	0. 054 4	0. 035 9	0. 061 0	0. 325 5	－0. 036 3
	残差	20 444	－0. 000 0	－0. 007 4	0. 045 2	0. 321 5	－0. 243 9

表 4－12　稳健性检验“过度投资”和“投资不足”的业绩指标的比较

指标	平均值			中位数		
	过度投资	投资不足	差异值	过度投资	投资不足	差异值
ROA	0. 065 6	0. 054 1	0. 011 5***	0. 054 5	0. 046 4	0. 008 1***
ROE	0. 077 9	0. 054 5	0. 023 4***	0. 078 6	0. 063 5	0. 015 1***

续表

指标	平均值			中位数		
	过度投资	投资不足	差异值	过度投资	投资不足	差异值
OPM	0.091 9	0.081 1	0.010 8***	0.074 1	0.064 9	0.009 2***
Growth	0.184 5	0.141 6	0.042 9***	0.123 5	0.083 6	0.039 9***
AT	0.727 9	0.688 4	0.039 5***	0.619 6	0.569 2	0.050 4***

注：*、**、*** 分别表示在 10%、5%、1% 的显著性水平上显著。

表 4-13　稳健性检验——2004—2019 年我国上市公司“非效率”投资的统计分析

指标		样本数	平均值	中位数	标准差	最大值	最小值
投资不足	投资规模	6 399	0.027 8	0.019 8	0.034 9	0.208 1	-0.036 3
	残差	6 399	-0.037 9	-0.029 7	0.024 3	-0.017 4	-0.243 9
过度投资	投资规模	3 823	0.141 8	0.124 5	0.072 1	0.325 5	0.000 8
	残差	3 823	0.069 1	0.052 0	0.049 8	0.321 5	0.022 4
总样本	投资规模	10 222	0.070 4	0.045 4	0.075 8	0.325 5	-0.036 3
	残差	10 222	0.002 1	-0.021 4	0.063 0	0.321 5	-0.243 9

表 4-14　稳健性检验——“过度投资”和“投资不足”的业绩指标的比较

指标	平均值			中位数		
	过度投资	投资不足	差异值	过度投资	投资不足	差异值
ROA	0.073 4	0.054 9	0.018 5***	0.061 4	0.046 5	0.014 9***
ROE	0.089 7	0.051 2	0.038 5***	0.085 3	0.060 6	0.024 7***
OPM	0.105 5	0.082 3	0.023 2***	0.083 0	0.066 7	0.016 3***
Growth	0.210 4	0.121 2	0.089 2***	0.142 8	0.088 0	0.054 8***
AT	0.739 0	0.671 3	0.067 7***	0.631 9	0.559 1	0.072 8***

注：*、**、*** 分别表示在 10%、5%、1% 的显著性水平上显著。

表 4-15　稳健性检验——上市公司投资效率的测度

	(1) 全样本	(2) 全样本	(3) GROA=1	(4) GROA=0
INV	1.521***	1.120***	1.535***	1.262***
	(18.07)	(11.90)	(11.79)	(13.24)
GROA · INV		0.735***		
		(5.06)		

续表

	(1) 全样本	(2) 全样本	(3) GROA = 1	(4) GROA = 0
GROA		0. 083 ***		
		(12. 42)		
Finance	1. 122 ***	1. 051 ***	0. 974 ***	1. 129 ***
	(8. 60)	(8. 13)	(5. 64)	(6. 24)
Lev	-0. 034 **	0. 073 ***	0. 114 ***	0. 035 *
	(-2. 40)	(4. 90)	(4. 41)	(1. 91)
Size	-0. 012 ***	-0. 021 ***	-0. 015 ***	-0. 026 ***
	(-4. 88)	(-8. 70)	(-3. 92)	(-8. 98)
Age	-0. 019 **	-0. 018 **	-0. 034 ***	0. 002
	(-2. 42)	(-2. 25)	(-2. 81)	(0. 16)
SOE	-0. 041 ***	-0. 033 ***	-0. 035 ***	-0. 026 ***
	(-8. 08)	(-6. 55)	(-4. 24)	(-4. 08)
聚类	公司	公司	公司	公司
行业	控制	控制	控制	控制
年度	控制	控制	控制	控制
N	20 444	20 444	10 222	10 222
Adj. R^2	0. 564	0. 572	0. 579	0. 573

注：回归的因变量是企业价值的变动率（g_MV），表中没有列出常数项的回归结果，括号内为系数的双尾检验 t 值；*、**、*** 分别表示在 10%、5%、1% 的显著性水平上显著。

表 4-16　稳健性检验——不同业绩指标对投资效率影响的测度

	(1) GROE	(2) GGrowth	(3) GOPM	(4) GAT
INV	1. 244 ***	1. 047 ***	1. 215 ***	1. 315 ***
	(13. 00)	(10. 22)	(12. 33)	(13. 21)
W	0. 094 ***	0. 102 ***	0. 079 ***	0. 030 ***
	(14. 67)	(15. 80)	(11. 40)	(4. 41)
W · INV	0. 462 ***	0. 611 ***	0. 530 ***	0. 460 ***
	(3. 18)	(4. 15)	(3. 54)	(2. 96)
Finance	1. 045 ***	1. 070 ***	1. 049 ***	1. 118 ***
	(8. 10)	(8. 29)	(8. 09)	(8. 59)
Lev	0. 015	-0. 037 ***	0. 069 ***	-0. 040 ***
	(1. 09)	(-2. 80)	(4. 53)	(-2. 86)

续表

	(1) GROE	(2) GGrowth	(3) GOPM	(4) GAT
Size	-0.024***	-0.015***	-0.019***	-0.013***
	(-10.01)	(-6.51)	(-7.93)	(-5.16)
Age	-0.018**	-0.008	-0.020***	-0.018**
	(-2.27)	(-1.12)	(-2.60)	(-2.24)
SOE	-0.031***	-0.034***	-0.030***	-0.043***
	(-6.35)	(-7.19)	(-6.12)	(-8.42)
聚类	公司	公司	公司	公司
行业	控制	控制	控制	控制
年度	控制	控制	控制	控制
N	20 444	20 444	20 444	20 444
Adj. R^2	0.574	0.577	0.571	0.566

注：回归的因变量是企业价值的变动率（g_MV），表中没有列出常数项的回归结果，括号内为系数的双尾检验 t 值；*、**、*** 分别表示在 10%、5%、1% 的显著性水平上显著。

表 4-17　稳健性检验——模型（4-5）内生性问题的讨论

	(1)	(2)	(3)	(4)	(5)	(6)
INV	2.548***	1.392***	1.378***	1.521***	1.523***	1.553***
	(23.61)	(16.61)	(16.42)	(18.07)	(18.07)	(16.59)
Finance			1.129***	1.122***	1.122***	1.102***
			(8.69)	(8.60)	(8.61)	(7.80)
Lev				-0.034**	-0.021	-0.046***
				(-2.40)	(-1.49)	(-2.97)
Size				-0.012***	-0.019***	-0.014***
				(-4.88)	(-6.67)	(-5.42)
Age				-0.019**	-0.019**	-0.026***
				(-2.42)	(-2.43)	(-2.83)
SOE				-0.041***	-0.038***	-0.045***
				(-8.08)	(-7.47)	(-8.07)
Pay					0.024***	
					(5.95)	

续表

	(1)	(2)	(3)	(4)	(5)	(6)
Board					-0.028**	
					(-1.96)	
Idd					0.011	
					(0.22)	
L. g_MV						-0.025***
						(-3.04)
聚类	公司	公司	公司	公司	公司	公司
行业	—	控制	控制	控制	控制	控制
年度	—	控制	控制	控制	控制	控制
N	20 444	20 444	20 444	20 444	20 444	17199
Adj. R^2	0.031	0.559	0.561	0.564	0.565	0.578

注：回归的因变量是企业价值的变动率（g_MV），表中没有列出常数项的回归结果，括号内为系数的双尾检验t值；*、**、***分别表示在10%、5%、1%的显著性水平上显著。

②Richardson（2006）回归模型（4-1）的解释变量采用了其他学者度量的指标，如盈利能力采用净资产收益率（张悦玫等，2017），投资机会采用销售收入增长率（姜付秀等，2009），本章的分析结论不变。表4-1、表4-2、表4-3、表4-4相对应的稳健性检验结果见附录附表1、附表2、附表3、附表4。

③本书所构建的反映企业投资效率的模型（4-5）控制了更多的变量，如加入了反映公司治理结构的变量：公司董事会人数取对数（Board），董事、监事及高管薪酬总额取对数（Pay），独立董事所占比例（Idd），本章的分析结论不变，表4-8、表4-9和表4-10所对应的稳健性检验的结论见附录的附表5、附表6和附表7。

4.7　本章小结

本章首先对已有的度量投资效率模型进行了讨论和分析，尤其是重点分析被文献广泛引用的 Richardson（2006）回归模型，从上市公司大数据统计和理论机理两个角度，分析了此模型所度量的“过度投资”实质是超过行业平均投资规模的投资，不等同于“使得 NPV 小于 0 的投资”，也就是说 Richardson（2006）回归模型不能有效度量企业理论投资效率。为此本章在已有理论的指导下基于有效资本市场理论、托宾 Q 理论和艾尔文·费雪尔（1906）资本预算评估理论等补充了投资效率模型构建的理论框架，并在 Muller 和 Reardon（1993）模型的基础上，考虑了模型的内生性问题并结合中国上市公司的特点对其进行了修正，构建了从投入产出角度度量企业投资效率的模型（4－5）和模型（4－6），并以实例说明了模型的应用，进而对模型的可靠性进行了检验。

本章的研究内容总结如下：

①FHP（1988）模型和 Vogt（1994）模型主要从投资对现金流、投资对投资机会敏感角度度量过度投资（代理问题）或投资不足（融资约束），但后期学者认为此模型并不能有效判断企业的过度投资和投资不足，且模型不能具体量化企业的非效率投资或投资效率。

②Richardson（2006）和 Biddle 等（2009）回归模型主要是通过模型的残差来度量企业的投资效率，两者在分析的思路上是相同的。因此本书重点分析了 Richardson（2006）回归模型，主要从两个角度进行了分析：一是采用上市公司的大样本数据对模型所度量的“过度投资”和“投资不足”进行了会计业绩平均数和中位数大小的比较，得出的结论是：“过度投资”较“投资不足”企业的总资产利润率、净资产利润率、销售收入利润率、销售收入增长率以及总资产周转率显著好。Richardson（2006）回归模型所度量的“过度投资”并不能等同于“净现值为负的投资”，此模型度量的“过度投资”侧重和强调的是超过行业平均投资规模的投资，不是理论或者经济意义的低效率投资。二是对上述结论从定义、残差和理论三个角度进行了解释和分析。

③基于有效资本市场理论、托宾 Q 理论和艾尔文·费雪尔（1906）资本预算评估理论等补充了企业投资效率模型构建的理论框架，在 Muller 和 Reardon（1993）模型基础上对其进行了修正，从企业市场价值的角度构建

了度量企业投资效率的模型。

④应用模型（4－5）对我国上市公司进行了投资效率的测度，其中模型（4－5）中投资 INV 的系数 q_1 就是投资效率；以实例说明了如何应用模型（4－6）分析某一变量 W 对投资效率的影响，在第 5 章本书将以模型（4－6）分析经济政策不确定性对投资效率的影响。

⑤对模型（4－5）和模型（4－6）的内生性和可靠性进行了讨论和检验。

⑥进行了稳健性检验。

第5章

经济政策不确定性对投资效率的影响

本章从投资规模和投资效率两个角度进行经济政策不确定性影响企业投资行为的分析，重点分析经济政策不确定性对投资效率的影响，并进一步从所有权性质、企业成长机会和经济增长期进行经济政策不确定性影响投资效率的异质性分析。

经济政策不确定性对投资效率的影响，引用了第4章所构建的模型（4-6）。

5.1　理论分析和研究假设

5.1.1　经济政策不确定性对投资规模的影响

传统财务理论是遵循净现值（NPV）最大化的原则做出投资决策选择，NPV最大化是通过计算投资项目未来的净现金流的折现进行财务决策的，因此若以NPV最大化进行投资决策必须准确预测与投资项目未来的现金流量和折现率的相关信息，但通常投资项目未来的风险、资本成本，以及与现金流相关的销售额、产品价格和成本等数据是不确定的（靳庆鲁等，2012），因此NPV很难准确计算，但NPV最大化始终是管理层进行决策的重要准则，当经济政策不确定性较高时，会导致企业的经营和投资环境不稳定，与NPV相关的现金流量和折现率就更加难以预测，此时管理层可能会观望或做出暂时延迟投资的决定，也就是说当投资项目面临的一系列不确定性因素增多时，投资行为就同时具有类似期权的特点（Julio和Yook，2012）。

①等待型实物期权理论认为，由于资产具有专有性和不可逆性，企业若发生了投资行为，其投资支出将变成不可收回的沉没成本，当经济政策不确定性上升时，管理层准确评估投资项目的难度增大，企业因信息不对称所带来调整成本也增大。因此，为了降低风险避免投资失败，此时管理层会选择观望、做出延缓投资或者放弃当前投资的决策，选择等待直至政策稳定以获取更多有关投资的未来信息，这样可能会导致当期投资规模不足。许多学者的研究都支持了这一理论，如Pasto和Veronesi（2012）、Julio和Yook（2012）、Gulen和Ion（2016）。我国学者李凤羽和杨墨竹（2015）、谭小芬和张文婧（2017）、陈国进和王少谦（2016）、张成思和刘贯春（2018）、刘贯春等（2019）等通过实证研究也支持了这一理论。

②金融摩擦理论认为，随着经济政策不确定性的提高，企业的信息不对称程度增高，银行等金融机构（债权人）在放贷行为上会更加谨慎，通常会采取紧缩型信贷政策以降低自身风险（Quagliariello，2009；Talavera等，2012），作为企业投资主要来源的银行贷款额度的下降，必然会削减企业的投资规模，导致投资不足（饶品贵等，2017）。另外，经济政策不确定的增加导致了银行对企业风险和偿付能力的评估、投资项目的监测等难度程度增加，出于规避风险的目的，银行要求企业有抵押品才能贷款，而企业由于受到经济政策不确定性的影响可能会出现资产价格下降、自身盈利能力下降以及资金错配等情况，从而导致企业资产负债表缩水，降低抵押品的价值，导致企业贷款延迟或者减少，进而缩减投资规模（Yan和Luis，2013）。因此本书提出假设H5-1。

假设H5-1：经济政策不确定性抑制了企业的投资规模。

5.1.2 经济政策不确定性对投资效率的影响

随着经济的全球化，作为信息与资源重要来源的外部环境，是企业生存和发展的根基，政府为应对宏观环境波动的负面影响尤其为了应对复杂的国际形势，经济政策的出台更加频繁，使得企业对未来经济的走势预测愈发模糊，投资决策的制定和执行过程中由于干扰因素太多，并不一定会按照企业价值最大化的原则进行，进而影响到企业的投资效率。

①代理理论认为，现代企业所有权和经营权是相分离的，所以代理成本是不可避免的。股东和管理者的效用函数不一致，代理人（管理者）为了谋取私利，具有偏离股东利益的冲动（Jensen，1986），当经济政策不确定性较高时，信息不对称程度加剧，企业面临的经营和投资环境的不确定性变大，为了获取更大的私人利益，控制更多的资源，管理层固有的“经理帝国主义”，可能更倾向于将资金投向可以谋取私利但可能会降低企业价值的项目，表现出“急于表现”和“不作为”等非效率投资行为，却将投资的失败归咎于外部环境的不确定（金宇超等，2016）。加之在经济政策不确定条件下外部利益相关者对管理层投资行为的监管难度加大，很难

准确评估其投资决策的优劣，导致业绩评价机制失效（申慧慧等，2012），不确定性正好为管理层的非效率行为“打了掩护”，使其更容易推卸责任，进而导致低效率投资行为，产生过度投资。从客观现实来看，当经济政策不确定性提高时，管理层对项目未来现金流的预测和判断变得模糊和不确定，信息不对称和融资约束等一系列因素，都会阻碍或影响管理层做出最优投资决策，从而影响投资效率。因此，本书提出假设 H5－2a。

H5－2a：经济政策不确定性降低了企业的投资效率。

②为了协调管理者与股东的代理问题，股东会对管理者实施加薪、股票期权和解雇等激励和监督手段。现代企业尤其是上市公司的高管层通常会持有公司股份，其薪资与公司经营绩效紧密相关，股票市值可以充分反映投资者对管理层投资和经营行为的认可度，一旦管理层出现盲目的低效率投资，一方面会导致股价迅速下跌，这样管理层所持有的股票市值会严重缩水；另一方面在股东和社会舆论的监督下，高管层因盲目投资所带来的较差的公司业绩和减损公司的投资行为，除了会受到减薪、降职乃至解雇的惩罚，还会受到舆论的不良影响。在经济政策不确定性程度加大的情况下，与投资项目未来前景有关的供求关系、价格、利润和市场环境变得难以预估，企业投资的风险加大，管理层为了避免因投资失败带来的自身利益的损失，会更倾向于采取谨慎的投资战略。此外，在政策不确定性较高时，出于谨慎性和降低风险，股东也会加强对管理者的监督并要求回避风险、缩减不必要的投资规模（王义中和宋敏，2014）。因此，在可用的投资资金和投资机会既定的情况下，管理层会依据投资决策中“NPV 最大化”的原则进行谨慎的投资决策，首选盈利高或投资效率高的项目进行投资，因此从投入产出的视角来看企业的投资效率可能会不减反增。

不同于西方的制度体制，在中国特色社会主义特殊的国情下，政府经济政策的出台对企业投资行为的影响关系更为微妙，中央政府通常会根据宏观经济环境和经济增长目标采取相应的调控手段实现对经济活动的良性引导。例如，自 2008 年金融危机以来，为了刺激经济政府出台了一系列产业政策、货币政策和财政政策，如“四万亿经济刺激计划”“互联网＋”

“一带一路”“供给侧改革”“工业 4.0”“营改增”“降准降息”等；2018—2019 年中美贸易摩擦加大，我国实行了金融市场和资本市场开放，鼓励外资机构持股，继续深化“供给侧改革”，打造高质量、高效率的经济体制变革，如果说 2018 年是“金融扩大开放年”，2019 年就是“减税降费年”，政府全面下调了增值税税率（如 100 万元以下纳税人税率由 25% 下调到 20% 等），提高了增值税的起征点，这一重大举措使得增值税税率增速至少降低了 8.5 个百分点。与此同时，贷款市场报价利率机制进一步规范和完善，引导市场利率报价与政策协调同步，市场实际贷款利率出现了下降，2019 年第四季度企业的平均融资成本较年初下降了 45 个基点（由 5.98% 降为 5.53%）[①]，更多的信贷资金流向实体经济，原有的房地产中长期贷款增速过快的趋势得以控制。在经济稳步发展的同时，资本市场投资者信心充足，表现良好，2019 年全年上证指数上涨了 22.30%，且市场交易效率和交易量提升显著，在央行流动性呵护的政策指引下，资本市场交易成本和利率并未上升。在全球新冠肺炎疫情大泛滥的 2020 年，政府提出积极推进 5G、工业互联网、人工智能、物联网等新型基础设施的投资，为了缓解新冠肺炎疫情对经济的冲击，政府对小规模纳税人的增值税进行了税率的下调（税率之前的 3% 降到 1%），对于住宿餐饮业、公共交通运输业等实现免征增值税，为鼓励使用先进技术、开发名优产品等行业的投资和生产，政府为其支付贷款的全部或部分利息，尤其对于一些研发建设的项目成为 2020 年新冠肺炎疫情之下备受关注的补贴项目。

综上所述，无论是金融危机、贸易摩擦还是受新冠肺炎疫情的影响，为应对外围环境的不利影响，中国政府经济政策的出台更为频繁，致使经济政策不确定性指数攀升，但政府政策的出台对企业和投资者来说无一例外都为经济的强劲发展注入了新的动力，在环境异常艰难的时期，无论是企业还是投资者都能亲身体会和享受到政府为刺激经济发展所带来的税费减免，从而降低了不确定环境下企业经营和投资的成本，激励企业为价值

① 资料来源：House. China. com. cn，中国互联网新闻中心主办。

增值进行投资。同时由于政策给投资带来了充足的信心，资本市场并没有因新冠肺炎疫情出现下跌。实践证明，中国政府经济政策的出台不仅有效缓解了金融危机和宏观环境对经济的冲击，而且促使我国经济朝着更加健康的方向有序发展。尽管外围市场和经济政策不确定性高，企业管理层在政策的指引下更倾向于寻找新的利润增长点以提高业绩抑或降低资本成本，将有限的资金投资于回报率更高的项目，致使企业投资效率提高。因此本书提出假设 H5 - 2b。

H5 - 2b：经济政策不确定性提高了企业的投资效率。

5.2　研究设计

5.2.1　样本的选取与数据来源

本节样本的选取同前文保持一致，仍选取了 2003—2019 年的深沪 A 股上市公司作为初始研究样本，依常规的处理方式，剔除了以下三类上市公司：①金融行业上市公司；②非正常经营的公司（包括 ST 和 PT 上市公司、年总资产增长率大于 1 和资不抵债的公司）；③数据库中重要财务变量缺失的公司。为了避免极端值的影响，参照文献的做法，所有的连续变量我们进行了上下 1% 的 Winsorize 处理，最终得到了 2004—2019 年 24 244 个观测值。

5.2.2　变量的定义

（1）经济政策不确定性指标的度量

目前常见的有：①采用政治事件，如 Julio 和 Yook（2012）以政治选举年份作为经济政策不确定的代理变量，Goodell 和 Vahamaa（2013）以政府主要官员竞选衡量了经济政策不确定性，陈艳艳和罗党论（2012）、陈德球等（2016）、钱爱民等（2016）等都采用了各级地市政府官员的变迁或者换届作为不确定性的变量。②采用 Baker 等（2016）构造的 EPU 指数，该指数运用了文本分析法，通过统计与中国经济政策不确定性相关的报道，构造了 EPU 指数，并严格证明了该指数的有效性。EPU 指数与最新经济政策紧密相关，可以动态、全面、定量反映一国经济政策的不确定性，因此被广泛应用。Gulen 和 Ion（2016）、刘贯春等（2019）、张思成和刘贯春（2018）、饶品贵等（2017）、李凤羽和杨墨竹（2015）、陈德球等（2017）等都采用这一指数度量经济政策的不确定性。由于本书分析采用的是年度数据，Baker 等（2016）构造的是月度指数，借鉴孟庆斌和师倩（2017）的研究方法采用以月份作为权重的加权算数平均数，即：

$$EPU = \frac{1 \cdot EPU_1 + 2 \cdot EPU_2 + 3 \cdot EPU_3 + \cdots + 11 \cdot EPU_{11} + 12 \cdot EPU_{12}}{1 + 2 + 3 + \cdots + 11 + 12}$$

稳健性检验分别借鉴顾夏铭等（2018）和宫汝凯等（2019）对数据的处理方式，采用了简单算数平均数 $AEPU = \Sigma EPU/12$，以及取第 12 月的月度指数 EPU_{12}来度量经济政策不确定性。

（2）投资

主流文献对投资的度量有两种口径，一是以现金流量表中“购建固定资产、无形资产和其他长期资产支付的现金”来度量，如程新生等（2012）、靳庆鲁等（2012）、张新民等（2017）、刘艳霞和祁怀锦（2019）等。二是以现金流量表中“构建固定资产、无形资产和其他长期资产支付的现金与处置固定资产、无形资产和其他长期资产收回的现金的差”来度量，如徐德玉和周玮（2009）、张会丽和陆正飞（2012）、刘行和叶康涛（2013）、刘凤委和李琦（2013）、柳建华等（2015）等。本书采用第一种度量方法，在稳健性检验中采用第二种度量方法。在检验假设 H5 - 1 时，投资经过年初总资产标准化处理；在检验假设 H5 - 2a 和假设 H5 - 2b 时，投资经过年初市场价值标准化处理。

5.2.3 模型的设定

（1）经济政策不确定性对投资规模的影响

借鉴李凤羽和杨墨竹（2015）的研究，控制了企业的现金流（FCF）、托宾 Q（Tobins′ Q）、所有权性质（SOE）、销售收入增长率（Growth）、宏观层面的投资机会（GDP），同时控制了行业变量，为了避免内生性问题，自变量取滞后一期，销售收入增长率是增量指标使用当期值，SOE 也取当期值，我们建立模型（5－1）。

$$INV_t = \beta_0 + \beta_1 \cdot EPU_{t-1} + \beta_2 \cdot FCF_{t-1} + \beta_3 \cdot Tobins'Q_{t-1} + \beta_4 \cdot Growth_t + \beta_5 \cdot GDP_{t-1} + \beta_6 \cdot SOE_t + \sum IndustryIndicator + \varepsilon_t \tag{5-1}$$

（2）经济政策不确定性对投资效率的影响

经济政策不确定性影响投资效率的文献甚少，如饶品贵等（2017）和李佳霖等（2019）的研究发现：经济政策不确定性显著抑制了企业的过度投资；杨志强和李增泉（2018）的研究结果表明经济政策不确定性强化了企业的非效率投资。已有文献通过引用 Richardson（2006）回归模型分析了经济政策不确定性对投资效率影响，但结论不一致。文献将 Richardson（2006）回归模型的残差定义为投资效率或者非投资效率，残差是超过或低于行业平均投资规模的投资，其对投资效率的界定本质上仍是投资规模，不能等同于理论的投资效率，此问题本书在第 4 章已进行了详细的分析。

此外，已有文献引用 Richardson（2006）回归模型对经济政策不确定性影响投资效率的机理普遍表述为："当经济政策不确定性较高时，企业会缩减投资规模，产生投资不足；相反，随着经济政策不确定程度的降低，企业会扩大投资规模，产生过度投资。" Richardson（2006）回归模型将大于 0 的残差定义为"过度投资"，并认为是低效率投资；"投资不足"则被认为残差小于 0 的投资，即投资规模还未达到企业的理想投资规模，应继续投资，直至边际投资收益率等于 1，因此"投资不足"意味着投资效率高。依此理解，对已有文献的上述机理可以表达为："经济政策不确定性较高时，企业缩减投资规模，导致投资效率提高；相反，随着经济政策不确定性的降低，企业就会扩大投资规模，从而导致投资效率低。”显然这种理解是错误的，投资效率的高低与投资规模的扩大和缩减没有必然的联系。众所周知，近20年互联网和大数据的发展使企业竞争平台发生了变化，一个很重要的现象就是“赢者通吃”，即盈利能力强的企业由于投资效率和收益率高会扩大投资规模，直至投资的边际收益等于投资的资本成本，因而企业越做越大，即所谓规模经济效益。因此，扩大投资规模不一定代表企业投资效率低，同样缩减投资规模也不一定意味着企业投资效率高。现实中也不乏行业的龙头如万科、海尔、伊利股份、阿里巴巴等典型的投资规模大且投资效率高、效益好的企业，同时也有不少由于投资效率低、效益差缩减投资规模的案例。显然文献研究对经济政策不确定性影响投资效率的机理理解有偏误，不能从投资规模的角度理解投资效率。因此本书从投入产出的视角度量投资效率，即引用第4章所建立的模型（4－6）度量企业的投资效率。

为了检验经济政策不确定性（EPU）对投资效率的影响，引用模型（4－6），即在模型（4－5）中加入经济政策不确定性与投资的交乘项（INV·EPU），如模型（5－2），交乘项（INV·EPU）系数 q_2 就是经济政策不确定性对投资效率的影响，若 $q_2<0$，意味着经济政策不确定性降低了企业的投资效率；若 $q_2>0$，表明经济政策不确定性提高了企业的投资效率。

$$gMV_{it} = \delta_{it} + q_1 \cdot INV_{it} + q_2 \cdot INV \cdot EPU + q_3 \cdot EPU + \sum Control + \Sigma YearIndicator + \sum IndustryIndicator + \varepsilon_{it} \quad (5-2)$$

5.3 实证检验及结果分析

5.3.1 描述性统计

（1）主要变量 EPU 和 EFF 的走势分析

本节引用第 4 章的模型（4－5），分年度计算 2004—2019 年上市公司的投资效率（EFF），并生成折线图，如图 5－1 所示①；图 5－1 同时也报告了 2004—2019 年中国经济政策不确定性指数（EPU）走势趋势。2008 年之前中国经济政策不确定指数比较平稳，2008 年由美国次贷危机所引发的全球金融危机对我国进出口贸易和经济影响较大，为应对危机对经济的冲击，我国政府出台了较频繁的经济政策，从而导致 2008 年经济政策不确定性指数较以往年度显著升高，其中 2008 年 11 月出台的以“4 万亿”新增投资为中心的一揽子“逆经济周期”的经济刺激政策，促使中国经济迅速走出了危机的阴影，但同时导致了中国企业的杠杆率整体不断攀升，所带来的通货膨胀以及负面效应在 2011—2012 年之后凸显。为稳定经济和资本市场，政府出台了积极的财政政策和稳健的货币政策，提出了稳增长和“营改增”等一系列政策，使 2011—2012 年的经济政策不确定性指数再次攀升，随后经济政策不确定性指数平稳上升至 2016 年，2017 年小幅回调紧接着又在 2018—2019 年大幅上升，其主要原因是 2015 年 12 月中央经济工作会议提出了供给侧改革，为顺利实现中国经济由高速增长向高质量发展的结构性转型，进一步推进供给侧结构改革，党中央提出了“三去、一

① 本章的主要内容是分析经济政策不确定性对投资效率的影响，我们借助于模型（5－2）通过 INV 与 EPU 的交乘项 INV · EPU 系数 q_2 符号来判断，为了更直观反映 EPU 对投资效率（EFF）的影响，我们借助于公式（4－5）分年度计算了中国上市公司的年投资效率（EFF），生成趋势图 5－1，同时报告了 EFF 的描述统计（表 5－1）以及 EFF 和 EPU 的相关系数（表 5－2）。

降、一补”、国有企业混合所有制改革等多项经济政策，加之2018年以来的贸易摩擦，中国经济政策出台频繁。经济政策不确定走势的关键拐点与重大的历史事件也是对应的，如2008年美国次贷危机所引发的全球金融危机、2012年中国新一届政府的换届、2016年的资本市场的“熔断机制”，以及2015—2016年对中国经济衰退的担忧和结构性调整、2018—2019年的中美及全球贸易争端。

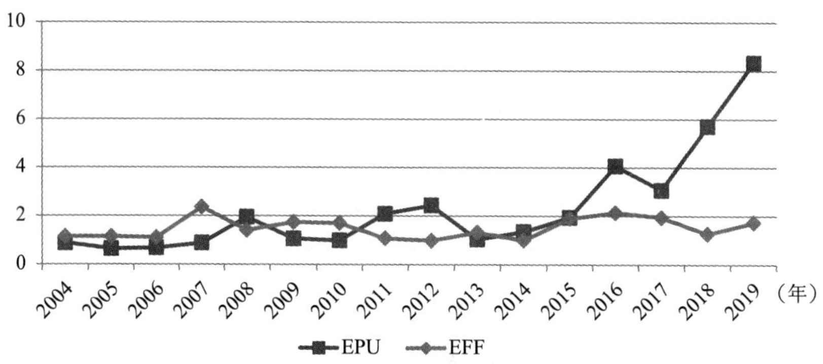

图5-1　经济政策不确定性与投资效率的趋势

投资效率（EFF）围绕1.50左右上下波动，2007年在中国GDP创新高（14.2%）时EFF也达到了历史新高，2004—2015年中国经济政策确定性指数（EPU）和投资效率（EFF）走势具有较一致性趋势，2018年以来EPU增长迅速，尤其是2019年经济政策不确定性指数（EPU）急剧上升，投资效率（EFF）也在2019年呈现出明显上升趋势，可以初步判断EPU和EFF是正相关关系。为了进一步量化两者的关系，在表5-2相关系数表中，报告了EPU和EFF的相关系数，两者的相关系数值为0.138，且高度显著，表明经济政策不确定性与投资效率显著正相关。

（2）描述统计

表5-1是模型（5-2）主要变量的描述统计，2004—2019年企业价值年增长率（g_MV）中位数是4.90%，小于均值17.20%，方差为52.73%，表明企业价值增值率波动较大；EPU指数均值为2.537 6，方差为1.936 3，波动较大；经营性投资（INV）均值为3.28%，大于中位数1.99%，表明大多数企业经营投资规模相对较低，标准差为3.74%，最大

值（19.64%）和最小值（0.01%）差距较大，企业间的经营投资波动较大；对外投资（Finance）均值为 4.00%，中位数为 0.29%，中位数远小于平均数，表明大多数企业对外投资较低，少数企业金融投资规模较高，从其标准差（9.67%）可知企业对外投资波动较大。

此外表 5－1 也报告了按照年度计算的年投资效率（EFF），均值为 1.514 7，与第 4 章计算得出的结果基本是一致的（较小的差异是由于样本不同所导致的）。

表 5－1　　描述统计

variable	N	mean	sd	min	p25	p50	p75	max
g_MV	24 244	0.172 0	0.527 3	－0.616 4	－0.167 6	0.049 0	0.365 9	2.285 0
INV	24 244	0.032 8	0.037 4	0.000 1	0.007 5	0.019 9	0.043 7	0.196 4
EPU	24 244	2.537 6	1.936 3	0.641 0	1.038 7	1.949 8	3.067 7	8.340 4
Finance	24 244	0.040 0	0.096 7	0.000	0.000 0	0.002 9	0.027 0	0.601 8
Lev	24 244	0.467 9	0.199 3	0.067 9	0.315 5	0.472 6	0.621 2	0.889 5
Size	24 244	22.135 0	1.295 9	19.630 0	21.221 0	21.964 8	22.870 0	26.101 5
Age	24 244	2.751 9	0.382 2	1.609 4	2.564 9	2.833 2	3.044 5	3.434 0
EFF	24 244	1.514 7	0.423 7	0.986 0	1.101 0	1.407 0	1.901 0	2.359 0

表 5－2　　相关系数表

	g_MV	INV	EPU	Finance	Lev	Size	Age	EFF
g_MV	1							
INV	0.170 ***	1						
EPU	－0.288 ***	－0.130 ***	1					
Finance	0.019 ***	－0.063 ***	0.183 ***	1				
Lev	0.026 ***	0.124 ***	－0.092 ***	－0.173 ***	1			
Size	－0.070 ***	0.191 ***	0.209 ***	0.052 ***	0.403 ***	1		
Age	－0.112 ***	－0.196 ***	0.392 ***	0.098 ***	0.104 ***	0.200 ***	1	
EFF	0.284 ***	－0.098 ***	0.138 ***	0.046 ***	－0.020 ***	0.071 ***	0.136 ***	1

注：*、**、*** 分别表示在 10%、5%、1% 的显著性水平上显著。

（3）相关系数

表5－2是相关系数表，EPU与INV的相关系数为－0.130，表明经济政策不确定性与企业的投资是显著负相关的关系；EPU与Lev的相关系数为－0.092且高度显著，表明经济政策不确定性与企业负债融资是负相关的关系。

为了更直观反映EPU与EFF的关系，本书采用模型（4－5）分年度计算上市公司的年投资效率，并在表5－2中报告了EPU与EFF的相关系数，值为0.138且高度显著，表明了经济政策不确定性与投资效率的正相关性。

5.3.2 回归结果分析

（1）经济政策不确定性对投资规模的影响

表5－3报告了经济政策不确定性对企业投资规模的影响，表中（1）和（2）分别采用了OLS和公司固定效应（Firm Fixed Effects）回归，L.EPU的系数都显著为负，分别为－0.003和－0.008，表明经济政策不确定性显著降低了企业的投资规模，此结论支持了本章的假设H5－1。

表5－3　经济政策不确定性对投资规模的影响

	（1）OLS	（2）Firm Fixed Effects
L.EPU	－0.003***	－0.008***
	（－5.41）	（－12.43）
L.FCF	0.135***	0.040***
	（16.33）	（6.55）
Growth	0.003**	0.001*
	（2.06）	（1.73）
L.GDP	0.414***	0.472***
	（14.02）	（16.82）
L.Tobin's Q	0.001	0.005***
	（1.30）	（10.32）
SOE	－0.008***	－0.004
	（－5.29）	（－1.02）

续表

	(1) OLS	(2) Firm Fixed Effects
聚类	公司	公司
行业	控制	控制
N	24 244	24 244
Adj. R^2	0. 127	0. 088

注：回归的因变量是经过年初总资产标准化的企业投资（INV），表中没有列出常数项的回归结果，括号内为系数的双尾检验 t 值；*、**、*** 分别表示在 10%、5%、1% 的显著性水平上显著。

（2）经济政策不确定性对投资效率的影响

表 5－4 报告了利用模型（5－2）对经济政策不确定性影响企业投资效率的回归分析的结果。为了结果的可信性，表 5－4 中的（1）—（3）采用了 OLS 回归方法，并通过逐步加入控制变量，EPU・INV 系数始终为正，分别为 0. 128、0. 135、0. 139，具体来说：在控制了行业和年度效应下（1）未加入其他控制变量，（2）控制了企业对外投资，（3）控制了对外投资和公司特征变量，即（3）采用了本书所建立的模型（5－2），三种情况下 EPU・INV 系数都显著为正，表明经济政策不确定性显著提高了企业的投资效率，其正向的提高效应不受控制变量的影响。（4）采用了公司固定效应模型，EPU・INV 系数仍显著为正（0. 217），进一步表明经济政策不确定性显著提高了企业的投资效率。

表 5－4　　　　经济政策不确定性对企业投资效率的影响

	OLS			Firm Fixed Effects
	(1)	(2)	(3)	(4)
INV	1. 115 ***	1. 114 ***	1. 206 ***	1. 788 ***
	(10. 23)	(10. 23)	(11. 05)	(14. 39)
EPU・INV	0. 128 ***	0. 135 ***	0. 139 ***	0. 217 ***
	(3. 79)	(3. 95)	(4. 08)	(6. 04)
EPU	0. 031 ***	0. 029 ***	0. 031 ***	0. 036 ***
	(7. 84)	(7. 37)	(7. 75)	(6. 15)
Finance		0. 241 ***	0. 234 ***	0. 412 ***
		(8. 70)	(8. 27)	(10. 32)

续表

	OLS			Firm Fixed Effects
	(1)	(2)	(3)	(4)
Lev			0. 013	0. 109***
			(0. 98)	(4. 30)
Size			-0. 012***	-0. 054***
			(-4. 94)	(-8. 65)
Age			-0. 010	0. 024
			(-1. 40)	(0. 77)
SOE			-0. 032***	-0. 028*
			(-6. 67)	(-1. 70)
聚类	公司	公司	公司	公司
行业	控制	控制	控制	控制
年度	控制	控制	控制	控制
N	24 244	24 244	24 244	24 244
Adj. R^2	0. 564	0. 566	0. 567	0. 586

注：回归的因变量是企业价值的变动率（g_MV），表中没有列出常数项的回归结果，括号内为系数的双尾检验 t 值；*、**、*** 分别表示在 10%、5%、1% 的显著性水平上显著。

实证分析的结果支持了假设 H5 -2b：经济政策不确定性显著提高了企业的投资效率。

5.4 稳健性检验

本书对于经济政策不确定性对投资效率的影响进行了如下分析，经济政策不确定性对投资效率的影响（EPU · INV）系数显著为正，本章的分析结论不变：经济政策不确定性显著提高了企业的投资效率。

①经济政策不确定性分别采用取当年 12 月的数据（EPU_{12}）和 12 个月的简单算术平均数（AEPU），结果见表 5 -5。

表5-5 稳健性检验——替换EPU、分别采用OLS和公司固定效应回归

	OLS		Firm Fixed Effects	
	EPU_{12}	AEPU	EPU_{12}	AEPU
INV	1.218***	1.161***	1.812***	1.747***
	(12.10)	(10.37)	(15.54)	(13.84)
EPU · INV	0.116***	0.169***	0.182***	0.248***
	(5.33)	(4.27)	(7.56)	(6.06)
EPU	-0.023***	0.032***	-0.017***	0.037***
	(-6.94)	(7.51)	(-3.34)	(6.02)
Finance	0.234***	0.234***	0.412***	0.413***
	(8.25)	(8.28)	(10.30)	(10.34)
Lev	0.013	0.013	0.109***	0.109***
	(0.97)	(0.97)	(4.32)	(4.29)
Size	-0.012***	-0.012***	-0.054***	-0.054***
	(-4.97)	(-4.96)	(-8.67)	(-8.67)
Age	-0.010	-0.010	0.024	0.024
	(-1.42)	(-1.40)	(0.75)	(0.76)
SOE	-0.032***	-0.032***	-0.029*	-0.028*
	(-6.67)	(-6.66)	(-1.72)	(-1.70)
聚类	公司	公司	公司	公司
行业	控制	控制	控制	控制
年度	控制	控制	控制	控制
N	24 244	24 244	24 244	24 244
Adj. R^2	0.568	0.568	0.586	0.586

注：回归的因变量是企业价值的变动率（g_MV），表中没有列出常数项的回归结果，括号内为系数的双尾检验t值；*、**、***分别表示在10%、5%、1%的显著性水平上显著。

②投资（INV）借鉴国内主要文献（柳建华等，2015；张会丽和陆正飞，2012等），以现金流量表的“构建固定资产、无形资产和其他长期资产支付的现金与处置固定资产、无形资产和其他长期资产收回的现金的差”度量，并经过年初企业价值的标准化处理；同时对外投资（Finance）采用现金流量表中“投资支付的现金与收回投资收到的现金的差”并经过年初企业价值的标准化处理，结果见表5-6。

表 5-6 稳健性检验——替换 INV 与 Finance 两项并采用 OLS 和公司固定效应回归

	OLS			Firm Fixed Effects		
	EPU	EPU_{12}	AEPU	EPU	EPU_{12}	AEPU
INV	1.212***	1.222***	1.165***	1.786***	1.801***	1.744***
	(11.26)	(12.28)	(10.57)	(14.69)	(15.76)	(14.12)
EPU · INV	0.133***	0.112***	0.163***	0.201***	0.173***	0.232***
	(3.95)	(5.19)	(4.16)	(5.71)	(7.34)	(5.74)
EPU	0.034***	-0.021***	0.035***	0.039***	-0.015***	0.040***
	(8.58)	(-6.26)	(8.35)	(6.58)	(-3.04)	(6.47)
Finance	1.251***	1.251***	1.252***	1.230***	1.229***	1.231***
	(10.30)	(10.29)	(10.30)	(9.50)	(9.50)	(9.51)
Lev	0.002	0.001	0.001	0.095***	0.096***	0.095***
	(0.12)	(0.11)	(0.11)	(3.77)	(3.79)	(3.76)
Size	-0.012***	-0.012***	-0.012***	-0.055***	-0.055***	-0.055***
	(-5.38)	(-5.41)	(-5.40)	(-8.82)	(-8.86)	(-8.85)
Age	-0.007	-0.007	-0.007	0.043	0.042	0.043
	(-1.02)	(-1.03)	(-1.02)	(1.40)	(1.37)	(1.39)
SOE	-0.031***	-0.031***	-0.031***	-0.029*	-0.029*	-0.029*
	(-6.53)	(-6.52)	(-6.52)	(-1.76)	(-1.78)	(-1.76)
聚类	公司	公司	公司	公司	公司	公司
行业	控制	控制	控制	控制	控制	控制
年度	控制	控制	控制	控制	控制	控制
N	24 244	24 244	24 244	24 244	24 244	24 244
Adj. R^2	0.569	0.569	0.585	0.585	0.585	0.569

注：回归的因变量是企业价值的变动率（g_MV），表中没有列出常数项的回归结果，括号内为系数的双尾检验 t 值；*、**、*** 分别表示在 10%、5%、1% 的显著性水平上显著。

③采用公司固定效应，结果分别见表 5-5、表 5-6 中的 Firm Fixed Effects 部分。

④样本选取 2008—2019 年数据结果，见表 5-7。

表 5 -7　　稳健性检验——样本选取 2008—2019 年上市公司

	OLS			Firm Fixed Effects		
	EPU	EPU12	AEPU	EPU	EPU12	AEPU
INV	0. 938 ***	0. 990 ***	0. 853 ***	1. 648 ***	1. 699 ***	1. 574 ***
	(7. 16)	(8. 29)	(6. 37)	(10. 40)	(11. 60)	(9. 83)
EPU · INV	0. 194 ***	0. 149 ***	0. 239 ***	0. 248 ***	0. 200 ***	0. 290 ***
	(5. 12)	(6. 24)	(5. 43)	(6. 12)	(7. 49)	(6. 31)
EPU	0. 097 ***	0. 029 ***	0. 100 ***	0. 094 ***	0. 027 ***	0. 097 ***
	(43. 77)	(23. 91)	(41. 98)	(22. 67)	(8. 22)	(22. 19)
Finance	0. 047 ***	0. 047 ***	0. 047 ***	0. 108 ***	0. 109 ***	0. 108 ***
	(3. 60)	(3. 59)	(3. 60)	(3. 78)	(3. 82)	(3. 77)
Lev	0. 212 ***	0. 211 ***	0. 212 ***	0. 384 ***	0. 383 ***	0. 385 ***
	(7. 55)	(7. 53)	(7. 56)	(9. 32)	(9. 30)	(9. 34)
Size	-0. 015 ***	-0. 015 ***	-0. 015 ***	-0. 043 ***	-0. 043 ***	-0. 043 ***
	(-6. 61)	(-6. 64)	(-6. 62)	(-6. 14)	(-6. 18)	(-6. 16)
Age	-0. 003	-0. 003	-0. 003	0. 065 **	0. 064 *	0. 064 *
	(-0. 49)	(-0. 50)	(-0. 49)	(1. 96)	(1. 94)	(1. 95)
SOE	-0. 036 ***	-0. 036 ***	-0. 036 ***	-0. 046 **	-0. 046 **	-0. 046 **
	(-7. 53)	(-7. 54)	(-7. 52)	(-2. 30)	(-2. 32)	(-2. 29)
聚类	公司	公司	公司	公司	公司	公司
行业	控制	控制	控制	控制	控制	控制
年度	控制	控制	控制	控制	控制	控制
N	20 888	20 888	20 888	20 888	20 888	20 888
Adj. R^2	0. 520	0. 520	0. 520	0. 541	0. 542	0. 541

注：回归的因变量是企业价值的变动率（g_MV），表中没有列出常数项的回归结果，括号内为系数的双尾检验 t 值；*、**、*** 分别表示在 10%、5%、1% 的显著性水平上显著。

5. 5　进一步讨论：异质性分析

本节将分析不同的所有权性质、未来的投资机会和经济增长期，经济政策不确定性对投资效率的影响是否会有显著差异，以期为政府、企业和投资者在经济政策不确定下进行效率为主导的投资决策提供参考和依据。

5.5.1 所有权性质、经济政策不确定性与投资效率

本书对企业的所有权性质是按照实际控制人来划分的，其中国有企业、行政机关和事业单位、中央机构、地方机构定义为国有企业，其余的企业定义为非国有企业。经济政策不确定性对不同所有权性质企业投资效率影响结果如表 5 - 8 所示。本书分别采用了 OLS 和公司固定效应（Firm Fixed Effects）回归方法。

表 5 - 8　经济政策不确定性对国有和非国有企业投资效率的影响

	OLS		Firm Fixed Effects	
	（1）国有企业	（2）非国有企业	（3）国有企业	（4）非国有企业
INV	1. 171 ***	1. 453 ***	1. 711 ***	2. 032 ***
	(9. 40)	(7. 34)	(12. 25)	(8. 47)
INV · EPU	0. 054	0. 171 ***	0. 114 ***	0. 310 ***
	(1. 57)	(2. 79)	(2. 94)	(4. 66)
EPU	0. 037 ***	0. 024 ***	0. 050 ***	0. 015
	(7. 57)	(3. 63)	(6. 99)	(1. 33)
Finance	0. 233 ***	0. 213 ***	0. 376 ***	0. 383 ***
	(6. 01)	(5. 58)	(7. 56)	(6. 46)
Lev	-0. 017	0. 043 **	0. 112 ***	0. 127 ***
	(-1. 00)	(2. 17)	(3. 36)	(3. 14)
Size	-0. 013 ***	-0. 009 **	-0. 056 ***	-0. 055 ***
	(-4. 49)	(-2. 43)	(-6. 65)	(-5. 44)
Age	-0. 029 ***	0. 001	-0. 059	0. 111 **
	(-2. 87)	(0. 14)	(-1. 37)	(2. 32)
聚类	公司	公司	公司	公司
行业	控制	控制	控制	控制
年度	控制	控制	控制	控制
N	12 516	11 728	12 516	11 728
Adj. R^2	0. 602	0. 566	0. 621	0. 583

注：回归的因变量是企业价值的变动率（g_MV），表中没有列出常数项的回归结果，括号内为系数的双尾检验 t 值；*、**、*** 分别表示在 10%、5%、1% 的显著性水平上显著。

其中，表5－8中的（1）和（2）采用了OLS分析方法，经济政策不确定性对国有企业投资效率的影响INV·EPU的系数为0.054不显著，但显著提高了非国有企业的投资效率，经济政策不确定性对非国有企业投资效率的影响为0.171。表5－8中的（3）和（4）是采用了公司固定效应（Firm Fixed Effects），国有企业的INV·EPU系数值为0.114显著，非国有企业的INV·EPU系数值为0.310显著，经统计检验两者系数值有显著差异（P＝0.092），表明在考虑公司特征因素的影响，经济政策显著提高了国有企业和非国有企业的投资效率，但对非国有企业影响程度更大。

因此本部分的结论是：经济政策不确定性对国有企业和非国有企业投资效率的影响有显著差异，经济政策不确定性对非国有企业投资效率的提升和影响程度更大。

长期以来国有企业的低效率是一个不争的事实，由于国有企业是政府干预和参与经济管理的工具与手段，不同于非国有企业，国有企业不仅要有经济目标，其性质还决定了国有投资要服务于国家战略目标，承担扩大就业等政策性目标（林毅夫和李志，2004），出于政治晋升目标和GDP政绩考核等，地方政府倾向对国有企业进行更多干预（蔡贵龙等，2018）。因此当经济政策出台时，由于非盈利目标是国有企业所必须兼顾的，国有企业一方面不能同非国有企业那样充分利用政策所带来的红利，另一方面国有企业长期的公司治理结构不完善，管理层通过经济政策寻求利润增长点和成本降低点的动力和能力不足。因此，经济政策对国有企业投资效率影响较小。而非国有企业的逐利天性驱使他们更加注重和关注提升企业的经营效率和盈利能力（刘运国，2016），他们具有较强的主人翁精神和责任感，具有较强的收集、消化、处理信息的能力和创新能力，他们会充分利用经济政策可能带给企业未来的盈利机会以及降低成本的各种资源与途径提高投资效率。因此，相对国有企业，非国有企业的投资效率受到经济政策不确定性的影响更大。

此外，从表5－8的OLS回归结果可知：

国有企业的投资效率＝1.171

非国有企业的投资效率 = 1.453 + 0.171 · EPU = 1.453 + 0.171 × 2.537 6 = 1.887

国有企业投资效率低于非国有企业。国有企业要改变低效率的现状，必须要从根本上改变公司的治理结构，近些年正在进行的混合所有制改革就是通过引入非国有资本，一方面将非国有资本的效率引入国有企业，另一方面通过非国有资本的参股和监督制衡，改变国有企业“一股独大”的公司治理问题，但如何保证非国有股东的发言权、参与决策、管理权这些都是混改的关键。本书的研究结论是“经济政策不确定性对非国有企业投资效率提升作用更大”，在外围环境巨变的当今，如何充分利用政府出台的经济政策提高投资效率，实现效率发展，缩小同非国有企业的差距，是本书研究带给国有企业管理层、政府政策制定者等思考的问题。

5.5.2 成长机会、经济政策不确定性与投资效率

企业未来的成长机会会较大程度影响企业的投资行为，不同成长机会企业受经济政策不确定性的影响不同，会表现出不同的投资效率。经济政策不确定性对不同成长机会企业投资效率的影响的回归结果详见表 5 - 9。文献研究通常采用销售收入增长率度量企业的短期成长机会（姜付秀，2009），以 Tobin's Q 度量企业的长期成长机会（邢斌和徐龙炳，2015），本书所研究的投资归属企业的长期经营活动投资，因此本书以 Tobin's Q 度量成长机会更合理，将 Tobin's Q 按照中位数分成两个组：高于中位数的高成长机会组、低于中位数的低成长机会组。表 5 - 9 分别采用了 OLS 和 Firm Fixed Effects 回归方法，回归结论是一致的。具体而言：表 5 - 9 中的（1）和（3）高成长机会企业的 INV · EPU 系数分别为 0.316 和 0.558 且高度显著，表明经济政策不确定性显著提高了高成长机会企业的投资效率；但表 5 - 9 中的（2）和（4）低成长机会企业的 INV · EPU 系数分别为 0.016 和 0.017 但不显著，表明经济政策不确定性对低成长机会企业的投资效率无显著影响。

表5-9 经济政策不确定性对不同成长机会企业投资效率的影响

	OLS		Firm Fixed Effects	
	(1) 高成长机会	(2) 低成长机会	(3) 高成长机会	(4) 低成长机会
INV	2.193***	1.214***	2.893***	1.534***
	(9.43)	(15.12)	(9.57)	(16.73)
INV·EPU	0.316***	0.016	0.558***	0.017
	(3.58)	(0.74)	(4.95)	(0.65)
EPU	0.033***	0.017***	0.030**	0.015***
	(3.92)	(4.34)	(2.37)	(2.78)
Finance	0.307***	0.188***	0.552***	0.268***
	(6.33)	(9.75)	(7.38)	(8.48)
Lev	-0.007	0.213***	0.033	0.284***
	(-0.36)	(18.22)	(0.77)	(13.14)
Size	0.007	0.019***	-0.070***	0.023***
	(1.56)	(8.68)	(-5.80)	(4.41)
Age	-0.011	0.022***	0.101	0.027
	(-1.02)	(3.72)	(1.59)	(1.07)
SOE	-0.038***	0.006	-0.036	0.012
	(-4.94)	(1.27)	(-1.12)	(0.92)
聚类	公司	公司	公司	公司
行业	控制	控制	控制	控制
年度	控制	控制	控制	控制
N	12 122	12 122	12 122	12 122
Adj. R^2	0.579	0.623	0.564	0.615

注：回归的因变量是企业价值的变动率（g_MV），表中没有列出常数项的回归结果，括号内为系数的双尾检验t值；*、**、***分别表示在10%、5%、1%的显著性水平上显著。

本部分的研究结论是：经济政策不确定性对高成长机会企业投资效率的影响显著高于低成长机会企业。

高成长机会企业未来市场机会多、获利和发展的潜力大，企业在投资过程中更容易抓住经济政策所带来的敏感点和获利机会，未来的盈利空间大，因此，国家出台的大多数经济政策对这些企业投资效率的影响更大。随着现代化生产和网络技术的发展，国家出台的经济政策主要倾向推动和助力高新技术领域，因此这些行业和企业可能受政策红利影响更大。相反，低成长机会企业相对来说市场处于饱和状态，未来发展的空间有限，以鼓励发展为目的的经济政策的出台相对较少，这些企业对政策不敏感或即使敏感但产品市场、竞争等机会少。因此，相对于低成长机会企业，经济政策不确定性对高成长机会企业投资效率的提升效应更大。

本部分的研究结论可以为政府出台经济政策、鼓励相关行业的发展提供参考，同时企业也应依据未来的成长机会尽可能抓住经济政策可能对企业投资所带来的效率增长点做出长远的战略规划。

5.5.3 经济增长期、经济政策不确定性与投资效率

自改革开放以来我国经济高速发展，GDP 增长率创造了世界之最，年均增长率达到9.7%左右，图5－2是2004—2019年我国GDP增长率趋势，可以看到在2008年金融危机之前，中国GDP增长率一直处于10%以上的高速增长，且2004年至2007年增长势头迅猛，2007年达到GDP增长率的最高点14.2%。金融危机的冲击使得GDP增长率由2007年的14.2%陡降到2008年的9.7%，为应对2008年的金融危机，我国出台的“4万亿计划”逆经济周期的一揽子经济政策，促使我国经济快速“起底回升”。在一系列经济政策的刺激下，2010年GDP的增长率再次突破10%达到了10.6%，但随后“4万亿计划”带来的潜在后果以及我国经济结构调整的自发要求，我国经济自2012年以来一直保持约7.0%左右的相对低速增长，至2019年的6.1%。

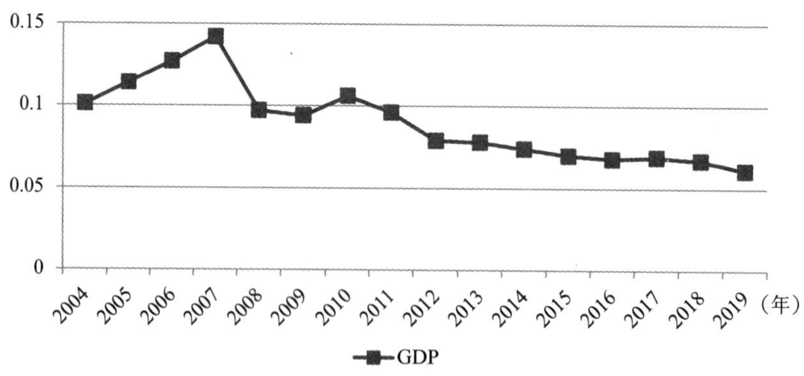

图5－2 2004—2019年中国GDP增长率

资料来源：国家统计局官网。

本部分关注的是经济政策不确定性对企业投资效率的影响是否受到宏观经济发展水平的影响，也就是说在经济的不同增长期，经济政策不确定性对企业投资效率有怎样的影响，以期为政府在不同经济增长阶段出台经济政策提供客观数据参考。

表5-10报告了我国经济政策不确定性对不同经济增长期的影响，其中经济增长率借鉴大多数的文献研究（如佟爱琴和马星洁，2013）以GDP年增长率来度量，本书将GDP年增长率按照中位数分成两个组：高于中位数组称为GDP高速增长期，低于中位数组称为GDP低速增长期。引用模型（5-2）采用OLS回归方法分别进行分组回归和全样本回归，结果如表5-10所示，其中INV·EPU的系数在（1）中为-0.032不显著，在（2）中系数为0.181高度显著，表明在经济高速增长期，经济政策不确定性对企业投资效率无显著提升作用；但在经济低速增长期，经济政策不确定性显著提升了企业的投资效率。

表5-10 经济政策不确定性对不同行业竞争程度企业投资效率的影响

	（1）GDP高速增长期	（2）GDP低速增长期	（3）全样本
INV	1.495***	0.929***	1.206***
	(8.11)	(4.04)	(11.05)
INV·EPU	-0.032	0.181***	0.139***
	(-0.33)	(3.83)	(4.08)
EPU	0.058***	-0.021***	0.031***
	(3.26)	(-8.61)	(7.75)
Finance	0.462***	0.169***	0.234***
	(7.45)	(5.46)	(8.27)
Lev	-0.016	0.047**	0.013
	(-0.87)	(2.51)	(0.98)
Size	-0.016***	-0.007**	-0.012***
	(-5.00)	(-2.56)	(-4.94)
Age	-0.006	-0.014	-0.010
	(-0.65)	(-1.26)	(-1.40)
SOE	-0.018***	-0.048***	-0.032***
	(-2.59)	(-7.76)	(-6.67)

续表

	（1）GDP 高速增长期	（2）GDP 低速增长期	（3）全样本
聚类	公司	公司	公司
行业	控制	控制	控制
年度	控制	控制	控制
N	12 690	11 554	24 244
Adj. R^2	0.641	0.412	0.567

注：回归的因变量是企业价值的变动率（g_MV），表中没有列出常数项的回归结果，括号内为系数的双尾检验 t 值；*、**、*** 分别表示在 10%、5%、1% 的显著性水平上显著。

此结论的政策意义是：当受到外围环境等宏观因素冲击经济增长放缓时，政府对经济的频繁干预效应显著，经济政策显著提高了企业的投资效率。当经济处于快速增长阶段，政府对经济的干预对企业投资效率无显著提升效应。当今国际贸易摩擦加剧、新冠肺炎疫情对世界经济冲击的后果未知，外围环境对经济的冲击会在相当一段时间内持续影响，而我国当前正处于调结构、稳发展的阶段，尽管经济处于低速发展阶段，但经济的高质量发展和高效率增长是今后一段时期内经济发展的主要目标，本书的研究结论“在 GDP 低速增长期，经济政策不确定性对投资效率有显著提升作用”为现阶段政府良性引导和干预经济提供了强有力的证据。

5.6 本章小结

本章分析了经济政策不确定性对企业投资规模和投资效率的影响，重点进行了经济政策不确定性影响投资效率的分析，其中经济政策不确定性对投资效率的影响采用了第 4 章构建的模型（4－6），即本章的模型（5－2）进行了实证分析。此外本章还从所有权性质、企业成长机会、经济增长期进行了经济政策不确定性影响投资效率的异质性分析。

本章得出的研究结论如下：

①经济政策不确定性对企业投资规模起到了抑制作用，但对投资效率

起到了积极的正向提高效应。

②进一步的异质性分析表明：相对于国有企业，经济政策不确定性对非国有企业投资效率的提升作用更大；经济政策不确定性对低成长机会企业投资效率无显著影响，但显著提高了高成长机会企业的投资效率；在经济高速增长期经济政策不确定性对企业投资效率无显著影响，但在经济低速增长期，经济政策不确定性对企业投资效率有显著提升效应。

第6章

经济政策不确定性影响投资效率的作用机制分析

由本书第4章度量企业投资效率的模型（4－5）的构建过程可知：

投资效率＝投资收益率/资本成本

资本成本＝负债资本成本×负债率＋股权资本成本×权益资金比重

因此本章从影响投资效率的投资收益率和资本成本进行经济政策不确定性影响投资效率的作用机制分析，其中投资收益率从短期投资收益率和长期投资收益率两个方面进行分析；资本成本从负债资本成本、股权资本成本和加权资本成本（总资本成本）三个方面进行分析。

6.1　经济政策不确定性对投资收益率的影响分析

6.1.1　理论分析及假设的提出

经济政策不确定性通过影响企业的经营、投资行为影响企业的投资收益率（业绩），一般来说政府政策的出台较宏观经济环境的波动具有滞后效应。当政策出台时，管理层短时间会增加决策的难度，出于观望心理，很难立刻改变经营决策；企业的利益相关者对新政策的解读、适应和调整等也需要一定的时间，此时企业处于政策的“真空期”；企业当期或者当年已经以契约形式所签订的购销订单、产品价格和利息成本等基本已成定局，不会很大程度受政策的影响，因此企业短期收益率（业绩）基本不变，但由于受到经济政策不确定性的影响，企业未签订协议部分的销售量和市场价格等会受到因政策变动所带来的影响，由于利益相关者短期需要对政策进行消化，因此经济政策不确定性抑或导致企业的短期收益率（业绩）出现小幅下降。因此我们提出假设 H6 - 1a。

假设 H6 - 1a：经济政策不确定性对企业短期收益率没有影响或具有负向影响。

在中国特殊的经济和国情背景下，经济政策不确定性对企业投资行为的影响关系更为微妙，中央政府通常会根据宏观经济环境和经济增长目标，采取相应的宏观调控措施以实现对经济活动的良性引导。多次实践证明：中国政府经济政策的出台不仅有效缓解了金融危机和宏观环境对经济的冲击，而且促使我国经济朝着更加健康的方向有序发展，尤其是 2020 年全球经济都受到新冠肺炎疫情的影响，唯独我国经济在政府政策的引导下稳步发展。随着经济政策不确定性的提高，企业不可能一直处于观望和停滞状态，相反会倒逼企业完善自身，提升企业生存和发展的“硬件”和

“软实力”，企业管理层在政策的指引下可能更倾向于寻找新的利润增长点来提高业绩。有研究表明，经济政策不确定性有效促进我国企业通过研发活动谋求自我发展，促进上市公司的创新活动和创新投入（顾夏铭等，2018；孟庆斌和师倩，2017），因此从长期来看，经济政策不确定性对企业的长期收益率（业绩）具有激励作用。因此我们提出假设 H6 - 1b。

假设 H6 - 1b：经济政策不确定性对企业长期收益率具有正向的激励效应。

6.1.2 研究设计

本书以现金流量表中“购建固定资产、无形资产和其他长期资产支付的现金”来度量企业的投资，但现有报表并没有单独反映此部分投资所对应的收益。文献多以总资产收益率（ROA）度量企业短期收益率，Tobin's Q 度量企业的长期收益率（杨典，2013；邓美薇，2019），但 ROA 反映了企业总资产的报酬率，为了较准确反映企业经营投资成果，我们借鉴王竹泉等（2017）对投资活动成果的界定：

短期投资收益率（INVr） = 本期经营活动收益增加额/经营投资

其中经营投资收益 = 利润总额 + 财务费用 - 投资收益 - 公允价值变动损益 - 汇兑损益

但由于本书的投资活动是长期经营投资，投资效果通常在投资的后续年限逐步得以体现，因此，投资的长期收益率更重要，借鉴杨典（2013）以 Tobin's Q 度量企业的长期收益率，在稳健性检验中借鉴马连福等（2015）的研究分别采用 ROA 和市净率（Pbr）作为企业的短期和长期收益率的替代变量。

控制变量借鉴杨典（2013）的研究包括：企业所有权性质（SOE）、净资产负债率（Levs）、企业规模（Size）、股权集中度（Holder）、年度和行业因素。EPU 对短期收益率 INVr 的影响具有滞后性，因此 EPU 取滞后一期，建立模型（6 - 1）；但 EPU 对长期收益率 Tobin's Q 的影响是同步的，因此 EPU 对于长期绩效指标 Tobin's Q 的影响取当期值，建立模型（6 - 2）。

$$INVr_{it} = \beta_0 + \beta_1 EPU_{t-1} + \beta_2 Levs_{i,t} + \beta_3 Size_{i,t} + \beta_4 Holder_{i,t} + \beta_5 SOE_{i,t} + \sum IndustryIndicator + \sum YearIndicator + \varepsilon_{it} \quad (6-1)$$

$$Tobins'\ Q_{it} = \beta_0 + \beta_1 EPU_t + \beta_2 Levs_{i,t} + \beta_3 Size_{i,t} + \beta_4 Holder_{i,t} + \beta_5 SOE_{i,t} + \sum IndustryIndicator + \sum YearIndicator + \varepsilon_{it} \quad (6-2)$$

6.1.3　实证结果

表6-1是经济政策不确定性对企业收益率影响的回归结果，分别采用了OLS和Firm Fixed Effects回归方法。其中（1）和（3）的被解释变量是短期收益率INVr，L. EPU系数分别为-0.410（不显著）和-0.993（高度显著），验证了假设H6-1a：经济政策不确定性对短期投资收益率无显著影响或者负向影响。

表6-1　　EPU对投资收益率影响的回归结果

	OLS		Firm Fixed Effect	
	（1）INVr	（2）Tobin's Q	（3）INVr	（4）Tobin's Q
EPU	-0.410	0.141***	-0.993**	0.242***
	(-1.02)	(10.34)	(-2.12)	(12.62)
Levs	-0.646***	-0.023	-1.011***	0.016
	(-6.36)	(-1.38)	(-6.03)	(1.13)
Size	0.679***	-0.607***	1.132***	-0.883***
	(7.66)	(-28.65)	(5.11)	(-24.95)
Holder	1.058***	1.297***	0.991	1.478***
	(2.78)	(13.72)	(1.26)	(11.73)
SOE	0.068 0	-0.172***	-1.088*	-0.245***
	(0.45)	(-4.65)	(-1.65)	(-3.04)
聚类	公司	公司	公司	公司
行业	控制	控制	控制	控制
年度	控制	控制	控制	控制
N	24 216	24 216	24 216	24 216
Adj. R^2	0.013 0	0.403	0.011	0.394

注：（1）和（3）的解释变量为滞后一期的EPU，即L. EPU，（2）和（4）的解释变量为当期的EPU，表中没有列出常数项的回归结果，括号内为系数的双尾检验t值；*、**、***分别表示在10%、5%、1%的显著性水平上显著。

表6－1中（3）和（4）的被解释变量是Tobin's Q，EPU系数为0.141和0.242，且高度显著，表明经济政策不确定性显著提高了企业长期收益率，验证了假设H6－1b：经济政策不确定性对企业的长期投资收益率有显著正向的激励效应。

由模型（4－5）的构建过程可知，投资可以持续带给企业收益，因此长期收益率更能准确反映企业投资的收益状况。

6.1.4 稳健性检验

本书采用ROA（息税前利润/总资产）和市净率（Pbr＝每股市价/每股净资产）作为企业的短期和长期收益率的替代变量（马连福等，2015），结论不变：经济政策不确定性对企业短期收益率无显著影响，但提高了企业长期收益率。

本部分分析得出的结论是：经济政策不确定性显著提高了企业的长期投资收益率，从而提高了企业的投资效率。

表6－2　稳健性检验

	OLS		Firm Fixed Effect	
	（1）ROA	（2）Pbr	（3）ROA	（4）Pbr
EPU	－0.002	0.251***	－0.000	0.498***
	（－0.59）	（8.58）	（－0.13）	（12.88）
Levs	－0.022***	0.797***	－0.020***	0.942***
	（－28.48）	（18.77）	（－24.40）	（23.24）
Size	0.010***	－1.260***	0.006***	－1.944***
	（11.48）	（－29.82）	（4.22）	（－28.18）
Holder	0.077***	2.057***	0.089***	2.467***
	（15.14）	（12.51）	（12.94）	（10.29）
SOE	－0.012***	－0.255***	－0.018***	－0.452***
	（－6.15）	（－3.78）	（－4.34）	（－2.86）
聚类	公司	公司	公司	公司
行业	控制	控制	控制	控制

续表

	OLS		Firm Fixed Effect	
	(1) ROA	(2) Pbr	(3) ROA	(4) Pbr
年度	控制	控制	控制	控制
N	24 216	24 216	24 216	24 216
Adj. R^2	0.217	0.416	0.153	0.448

注：(1) 和 (3) 的解释变量为滞后一期的 EPU，即 L. EPU，(2) 和 (4) 的解释变量为 EPU，表中没有列出常数项的回归结果，括号内为系数的双尾检验 t 值；*、**、*** 分别表示在 10%、5%、1% 的显著性水平上显著。

6.2　经济政策不确定性对负债资本成本的影响分析

资本成本 = 负债资本成本 × 负债率 + 股权资本成本 × 权益比重

资本成本是负债资本成本和股权资本成本的加权算数平均数，企业负债包括经营性负债和金融性负债。其中，经营性负债是企业之间的商业信用，在我国经营性负债并未建立付息制度，经营性负债成本较低甚至是无成本（李心合，2014）；金融性负债包括占比较高的银行借款和极少量的企业债券，由于中国债券市场不发达，银行借款是我国企业负债融资的主要渠道，银行贷款利率受政策性影响，通常成本较低，成为我国企业外部融资的主要渠道（纪洋等，2018）。因此，本部分主要分析经济政策不确定性对企业金融性负债（银行借款）资本成本的影响。

6.2.1　理论分析和研究假设

金融摩擦理论认为，从银行等金融机构（债权人）的角度来看，随着经济政策不确定性的提高，企业的信息不对称程度增大，银行在放贷行为上会更加谨慎，经济政策不确定性的增加导致了银行对企业风险和偿付能力的评估、投资项目的监测等难度增加，出于规避风险的目的，银行通常要求企业拥有有效的抵押品条件才能贷款，受到经济政策不确定性的影响企业可能会出现资产价格下降、自身盈利能力下降以及资金错配等情况，进而导致企业资产负债表缩水，进而降低了抵押品的价值，银行通常会通过提高贷款利率来降低自身风险。

但从企业角度来看，预防储蓄理论认为经济政策不确定性上升时，为规避不确定性的风险，企业的现金持有水平会增加（王红建等，2014），这反映了当企业面临较高的经济政策不确定性时，其对外融资行为会更加趋于谨慎，同时企业也会主动加强流动性资产的管理，提高流动资产的持有比例，同时降低和减少对外部资金的依赖程度，以提高抗风险能力。因此，当经济政策不确定性上升时，企业过多的现金流持有和对风险的谨慎处理方式可能会使得银行对企业信用等级评价不降反升，因此企业实际借款的利率可能会下降，从而使得企业债务融资成本下降（吴伟军和李铭洋，2019）。

近年来，我国固定资产投资尤其是民间固定资产投资呈现出增速下滑的趋势，由于固定资产投资对成本较敏感，因此，降低企业融资成本，有效缓解企业融资难和融资贵的问题成为中央和地方政府各部门“稳增长、稳投资”政策的重要方向之一。当前，宏观政策引导金融部门向企业让利，包括降低利率让利、银行减少企业收费让利等，这些对企业的让利行为降低了企业的负债融资成本。我国经济政策的出台更多是政府为应对外围不良环境对经济的冲击制定的，包括财政、货币和监管等一系列政策，随着外围市场环境不确定性的提高，政府经济政策的出台也相应变得频繁。为了促进企业的经营和投资，或鼓励相关产业或行业的发展，中国人民银行正积极推行和完善利率调控，包括下调存款准备金率和银行贷款利率，贷款利率随着经济政策不确定性的提高而下调。尤其是自 2008 年以来我国经济政策不确定性总体趋势是上升的，但银行贷款的基准利率却呈现出整体下降走势，具体走势见图 6 - 1，经济政策不确定性与银行贷款基准利率的负相关关系在后文的相关分析中得到了验证。

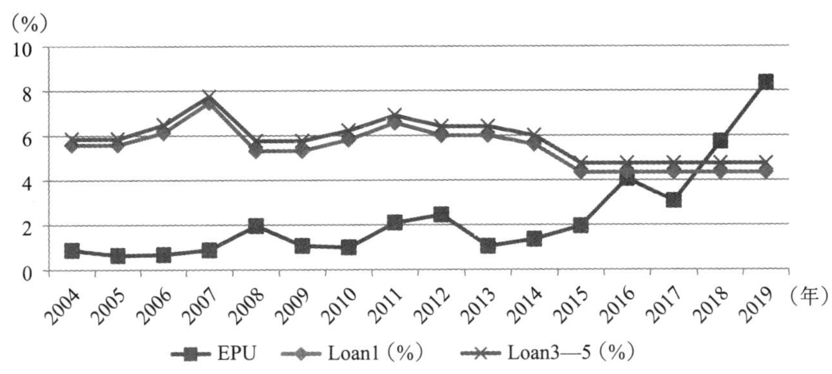

图6－1　经济政策不确定性与央行基准贷款利率走势图

不同于西方国家的体制，我国经济政策不确定性通常是宏观经济调控所致，其目标之一是解决企业融资难和融资贵的问题（吴伟军和李铭洋，2019）。2020年中国人民银行行长易纲指出，金融部门要通过利率市场化改革，逐步并持续降低市场利率，真正实现让利企业以解决企业融资贵的现状。因此经济政策不确定性对负债资本成本的影响方向需要通过实证数据检验。

因此，本书提出假设H6－2a和假设H6－2b。

假设H6－2a：经济政策不确定性提高了企业的负债融资成本。

假设H6－2b：经济政策不确定性降低了企业的负债融资成本。

6.2.2　研究设计

由于已有的公开数据并未提供上市公司的实际借款利率，但银行对上市公司的实际借款利率是依据企业实际情况在央行发布的基准贷款利率的指导下上下波动。因此本部分首先分析经济政策不确定性与央行公布的基准贷款利率的相关关系，在此基础上借鉴相关文献对企业借款利率进行度量，通过回归模型分析经济政策不确定性对企业借款利率的影响。

有关贷款利率或者负债资本成本的度量，借鉴王雪平和王小平（2019）的研究中定义利息率（INTr）＝利息支出/（短期借款＋长期借款＋一年内到期的长期借款），并将其作为被解释变量，分析经济政策不确定性对其影响，控制变量包括总资产回报率（ROA）、有息负债比率（Debt）、企业规模（Size）、流动比率（Liq）、经营活动现金流比率（CFC）、有形资产比率（Tangible）、所有权性质（SOE）、独立董事人数占比（Idd）、前十大股东持股比例（Tenr），同时控制了年度效应和行业效应。为了缓解反向影响的内生性问题，除了股权性质变量外其余所有解释变量都取滞后一期，建立模型（6－3）：

$$INTr_{it} = \beta_0 + \beta_1 \cdot EPU_{t-1} + \beta_2 \cdot ROA_{i,t-1} + \beta_3 \cdot Debt_{i,t-1} + \beta_4 \cdot Size_{i,t-1} + \beta_5 \cdot Liq_{i,t-1} + \beta_6 \cdot Tangible_{i,t-1} + \beta_7 \cdot SOE_{i,t} + \beta_8 \cdot Idd_{i,t} + \beta_9 \cdot Tenr_{i,t} + \beta_{10} \cdot CFC_{i,t-1} + \sum IndustryIndicator + \sum YearIndicator + \varepsilon_{it} \quad (6-3)$$

6.2.3 实证结果

（1）经济政策确定性与银行基准贷款利率的相关性分析

由于货币政策属于经济政策的一部分，因此经济政策确定性与央行公布的银行贷款基准利率两者不存在同步的因果关系，本书将分析两者的趋势关系，并计算他们的相关系数。

表6－3是2004—2019年年末银行1年期短期贷款利率（Loan1）、3—5年中长期贷款利率（Loan3—5）的数据。图6－1是2004—2019年中国经济政策不确定性指数与银行基准贷款率（取年末值）的折线图。2008年金融危机致使中国经济政策不确定指数达到自2004年的新高，为了平滑外围环境对经济的冲击，鼓励投资和基础建设，银行贷款利率也相应地调至2008年年末的新低（Loan1＝5.31%，Loan3—5＝5.76%），2009—2010年EPU出现了下降的趋势，银行贷款利率却呈现出上升的走势，也就是说当国内经济环境稳定时，央行会提高银行贷款利率。EPU与贷款利率的反方向走势在2013—2017年也非常显著，自2015年以来我国经济政策不确定性持续上升，与此同时银行也下调了贷款利率，直至2019年依旧执行2015年下调后的基准利率保持不变。

表 6－3　　2004—2019 年年末银行 1 年期、3—5 年期贷款利率　　（单位:%）

年度	2004	2005	2006	2007	2008	2009	2010	2011	2012	2013	2014	2015	2016	2017	2018	2019
Loan1	5.58	5.58	6.12	7.47	5.31	5.31	5.81	6.56	6.00	6.00	5.60	4.35	4.35	4.35	4.35	4.35
Loan3—5	5.85	5.85	6.48	7.74	5.76	5.76	6.22	6.90	6.40	6.40	6.00	4.75	4.75	4.75	4.75	4.75

数据来源：央行官网。

经统计计算和分析，EPU 与 Loan1、Loan3—5 的相关系数分别为 －0.6304 和 －0.6297，统计上负相关关系且高度显著。

企业从银行取得的实际贷款利率是在央行基准利率的指导下，根据企业实际情况浮动。随着经济政策不确定性的提高，央行基准利率下降，银行等金融机构对外贷款的实际利率也应是下降的，也就是说企业实际借款利率也应呈现出下降趋势，因此经济政策不确定性与企业的负债成本是负相关的关系。

（2）经济政策不确定性对企业负债融资成本的影响

应用模型（6－3）分别采用 OLS 和 Firm Fixed Effects 回归分析方法分析了经济政策不确定性对企业债务资本成本的影响，结果如表 6－4 所示，为了结果的可信性，表 6－4 的（1）和（3）未加入任何控制变量。

表 6－4　　经济政策不确定性对企业借款利率的影响

	OLS		Firm Fixed Effects	
	(1)	(2)	(3)	(4)
L. EPU	－0.002***	－0.007***	－0.003***	－0.003**
	(－2.75)	(－4.54)	(－4.60)	(－2.01)
L. ROA		0.003		－0.016
		(0.22)		(－1.34)
L. Debt		－0.109***		－0.147***
		(－15.00)		(－16.33)
L. Size		－0.001*		－0.002
		(－1.67)		(－1.20)
L. Liq		－0.001		0.004***
		(－1.09)		(2.82)

续表

	OLS		Firm Fixed Effects	
	(1)	(2)	(3)	(4)
L. CFC		-0.025***		-0.019**
		(-2.72)		(-2.19)
L. Tangible		0.006		0.028***
		(1.16)		(4.11)
SOE		-0.004**		-0.002
		(-2.45)		(-0.70)
Idd		0.001		0.016
		(0.11)		(1.09)
Tenr		-0.002		-0.008
		(-0.52)		(-1.05)
聚类		公司		公司
行业		控制		控制
年度		控制		控制
N	18 120	14 014	18 120	14 014
Adj. R^2	0.0004	0.090	0.002	0.079

注：解释变量为利息率（INTr），表中没有列出常数项的回归结果，括号内为系数的双尾检验t值；*、**、*** 分别表示在10%、5%、1%的显著性水平上显著。

表6－4的结果表明，OLS和Firm Fixed Effects回归分析方法下，L. EPU系数分别为－0.007和－0.003，都显著为负，表明经济政策不确定性对资本成本的影响不受模型控制变量的影响，此结果验证了本书的假设H6－2b：经济政策不确定性降低了企业的负债融资成本。

6.2.4 稳健性检验

利息支出借鉴赖黎等（2016）的研究，采用利息支出/总负债度量借款利率，即利息率（INTr）＝利息支出/总负债。EPU采用三种度量方法：加权算数平均数（EPU）、简单算数平均数（AEPU）和取12月的值（EPU_{12}），分别采用OLS和Firm Fixed Effects回归分析方法，六种回归结果如表6-5所示，除了OLS回归下AEPU系数为负的不显著，其余系数都是负的显著，本章的分析结论不变，支持了本书的假设H6-2b：经济政策不确定性降低了企业的负债融资成本。

表6-5　稳健性检验

	OLS			Firm Fixed Effect		
	EPU	AEPU	EPU_{12}	EPU	AEPU	EPU_{12}
L. EPU	-0.002***	-0.000	-0.002***	-0.002***	-0.001***	-0.002***
	(-6.74)	(-0.40)	(-6.74)	(-4.84)	(-4.84)	(-4.84)
L. ROA	0.008***	0.008***	0.008***	0.002	0.002	0.002
	(3.37)	(3.37)	(3.37)	(0.91)	(0.91)	(0.91)
L. Debt	0.069***	0.069***	0.069***	0.042***	0.042***	0.042***
	(46.46)	(46.46)	(46.46)	(23.53)	(23.53)	(23.53)
L. Size	-0.001***	-0.001***	-0.001***	-0.000	-0.000	-0.000
	(-8.79)	(-8.79)	(-8.79)	(-0.71)	(-0.71)	(-0.71)
L. Liq	-0.000	-0.000	-0.000	-0.000	-0.000	-0.000
	(-0.43)	(-0.43)	(-0.43)	(-1.44)	(-1.44)	(-1.44)
L. FCF	-0.015***	-0.015***	-0.015***	-0.010***	-0.010***	-0.010***
	(-7.41)	(-7.41)	(-7.41)	(-5.46)	(-5.46)	(-5.46)
L. Tangible	0.012***	0.012***	0.012***	0.014***	0.014***	0.014***
	(9.86)	(9.86)	(9.86)	(8.54)	(8.54)	(8.54)
SOE	-0.004***	-0.004***	-0.004***	-0.001	-0.001	-0.001
	(-10.60)	(-10.60)	(-10.60)	(-0.63)	(-0.63)	(-0.63)
Idd	0.002	0.002	0.002	-0.000	-0.000	-0.000
	(0.82)	(0.82)	(0.82)	(-0.05)	(-0.05)	(-0.05)
Tenr	-0.005***	-0.005***	-0.005***	-0.003*	-0.003*	-0.003*
	(-4.12)	(-4.12)	(-4.12)	(-1.74)	(-1.74)	(-1.74)
聚类	公司	公司	公司	公司	公司	公司
行业	控制	控制	控制	控制	控制	控制
年度	控制	控制	控制	控制	控制	控制
N	17 107	17 107	17 107	17 107	17 107	17 107
Adj. R^2	0.459	0.459	0.459	0.212	0.212	0.212

注：解释变量为利息率（INTr），表中没有列出常数项的回归结果，括号内为系数的双尾检验t值；*、**、***分别表示在10%、5%、1%的显著性水平上显著。

本节得出的结论是：由经济政策不确定性与央行公布的基准贷款利率的相关分析可知，两者是显著的负相关关系。当借鉴文献将利息费用进行计量并通过建模，得出的结论是：经济政策不确定性显著降低了银行贷款利率。因此，中国经济政策不确定性对企业负债融资成本的影响起到了降低效应，从而提高了企业的投资效率。

6.3 经济政策不确定性对股权资本成本的影响分析

6.3.1 理论分析和假设的提出

资本市场对经济政策的反应通常表现为两个方面：一是经济政策不确定性导致市场波动加大，企业风险和成本上升；二是宽松和良性的经济政策对资本市场能发挥积极效应，增强企业抵御风险的能力，股权融资成本下降。由资本资产定价模型（CAPM）可知，上市公司股权成本取决于股票的风险溢价。风险溢价是资本市场投资者依据证券的内在价值自主交易行为的体现，政府仅扮演监督职能，然而一旦股价形成螺旋式下跌，政府就会采取必要的宏观手段进行干预，降低市场风险，此时调控手段便成为有效的风险管理机制（陈国进等，2018），于是在良性经济政策的刺激下资本市场的积极效应得以体现。

经济政策不确定性是导致股票风险的主要因素之一，也就是说资本市场股票风险可能并非由经济政策实际发布和即将实施的后果所导致的，而是投资者基于对经济政策实施的时间、力度和持续效果的担忧，即对当前政策未来的潜在不确定性的担忧。与西方国家相比，中国经济政策更加明显，尤其是在经济面临下滑趋势和衰退风险时，政府会较快出台和调整政策来保证整个经济和社会的平稳运行，无论是2008年金融危机推出的“4万亿投资计划”还是2015年以来的为经济转型所制定的经济政策，都得到了有效的证实（陈国进等，2017）。当经济出现危机信号、股市崩盘或动荡，经济下行压力加大时，政府会相应地实施一系列刺激经济发展的手段，并采用宽松的经济政策向市场投放流动性，促使经济较快摆脱困境并实现繁荣，例如自2011年年底至今央行多次下调基准贷款利率和存款准备金率，存款准备金率由2011年11月的21个基点下调至2019年9月的13个基点；银行的中长期贷款利率也由6.90%下调为4.75%。再如2018年10月，上海证券交易所发布《积极采取有效措施　全力维护市场稳定健康发展》，再次强调了提高上市公司质量、积极化解市场风险，全力维护市场稳定和健康发展等；2019年6月，证监会发布了严惩企业信息披露违法行为的公告。

中国政策不确定性往往是中国宏观经济调控所致，其目的之一便是化解市场的系统性风险，降低企业融资成本。在宏观环境动荡加剧的情况下，2019年1月，我国货币信贷数据超过预期，体现了自2018年下半年以来政策对实体经济实质性的支持力度加大。此外，为健全和优化资本市场，实现金融服务实体经济，提高企业直接融资比重，各项金融体制改革一直在稳步有序地推进，如近些年资本市场推行的完善并购重组、加强上市公司内控和信息披露、严格退市、设立创业板、充分考虑和推行部分创新企业的股权激励方案等，同时为促进投资、减轻企业负担的增值税率的下调等各项财政政策也在稳步实施。这些政策的实施提高了EPU指数，但同时降低了企业的融资成本，上市公司质量正在逐步改善，股市的泡沫大大缩小，企业股权融资成本也随之下降，中国资本市场成本不高，估值较低。资本市场投资者信心充足，表现良好，2019年全年上证指数上涨了22.30%，市场交易效率和交易量提升显著，但在央行流动性呵护的政策指引下，资本市场交易成本和利率并未上升。在国际环境多变的当今，中国经济正稳步前进，正在成为国际上最有投资价值的市场。因此本书提出假设H6－3：

假设H6－3：经济政策不确定性降低了企业的股权融资成本。

6.3.2　研究设计

美国杜克大学（Duke University）的Graham和Harvey对美国公司就资

本结构、资本预算、资本成本等公司理财行为进行了问卷调查，发现实践中的一个重大变化是资本资产定价模型（CAPM）已替代了之前较广泛使用的股利折现模型，CAPM 已成为企业计算股权资本成本使用率最高的方法，约占 73.49%（汪平等，2012）。

因此本书采用资本资产定价模型：$R_i = R_f + \beta_i (R_M - R_f)$ 度量企业的股权资本成本（用 SC 表示），即 $SC = R_f + \beta_i (R_M - R_f)$，借鉴汪平等（2012）、康玉梅（2013）、霍晓萍（2014）的研究，R_f 取一年期银行定期存款利率（原始数据来自：中国人民银行官方网站），β 取自 CSMAR 数据库的风险因子（综合市场），由于估算资本成本的过程中很多年份出现了 $R_M < 0$ 的情况，导致计算出的资本成本有较多的负值，与现实不符，因此 $(R_M - R_f)$ 借鉴汪平等（2012）的研究取 Damodaran 网站公布的中国市场风险溢价数据。

借鉴罗党论（2016）的研究，控制了企业规模（Size）、净资产收益率（ROE）、第一大股东的持股比例（Firstr）、企业年龄（Age）、销售收入增长率（Growth）、产权性质（SOE）、企业成长性（Tobin's Q）和资产负债率（Lev），同时控制了宏观变量 GDP 增长率和行业变量，建立模型（6 -4），由于资本市场对经济政策的反映是及时和同步的，因此 EPU 取当期值。

$$SC = \beta_0 + \beta_1 \cdot EPU + \beta_2 \cdot Size + \beta_3 \cdot ROE + \beta_4 \cdot Firstr + \beta_5 \cdot Age + \beta_6 \cdot Growth + \beta_7 \cdot SOE + \beta_8 \cdot Tobin's\ Q + \beta_9 \cdot Lev + \beta_{10} \cdot GDP + \sum IndustryIndicator + \varepsilon \quad (6-4)$$

6.3.3 实证结果

应用模型（6 -4）分别进行 OLS 和 Firm Fixed Effects 回归分析，结果如表 6 -6 所示。其中表 6 -6 中（1）和（3）未加入任何控制变量，EPU 的系数分别为 -0.001 和 -0.001，且高度显著；表 6 -6 中（2）和（4）应用模型（6 -4）加入了控制变量，EPU 的系数分别为 -0.001 和 -0.002 且高度显著。研究结果表明：不受控制变量的影响，经济政策不确定性对企业股权资本成本起到了抑制作用，验证了假设 H6 -3：经济政策不确定性降低了企业的股权融资成本。

表 6－6　　经济政策不确定性对股权资本成本的影响

	OLS		Firm Fixed Effects	
	(1)	(2)	(3)	(4)
EPU	−0.001***	−0.001***	−0.001***	−0.002***
	(−20.98)	(−20.20)	(−18.18)	(−19.40)
Firstr		−0.004***		−0.000
		(−3.03)		(−0.19)
Size		−0.002***		−0.001
		(−11.54)		(−1.58)
Age		−0.001***		0.004***
		(−2.92)		(3.47)
Lev		0.004***		−0.001
		(3.60)		(−0.39)
ROE		−0.000		0.002**
		(−0.09)		(2.12)
Growth		−0.000*		−0.000*
		(−1.67)		(−1.73)
SOE		0.002***		0.001
		(4.77)		(0.70)
Tobin's Q		−0.002***		−0.001***
		(−14.80)		(−12.32)
GDP		−0.084***		0.004
		(−12.33)		(0.45)
聚类	公司	公司	公司	公司
行业	控制	控制	控制	控制
N	23 268	23 268	23 268	23 268
Adj. R^2	0.018	0.065	0.018	0.027

注：被解释变量是股权资本成本（SC），表中没有列出常数项的回归结果，括号内为系数的双尾检验 t 值；*、**、*** 分别表示在 10%、5%、1% 的显著性水平上显著。

6.3.4 稳健性检验

借鉴罗党论（2016）选择分市场的 Beta 系数度量公司的系统性风险 β_i，股权资本成本 $SC = R_f + \beta_i (R_M - R_f)$，并采用 EPU 的三种度量方法：加权算数平均数（EPU）、简单算数平均数（AEPU）和取 12 月的值（EPU_{12}），分别采用 OLS 和 Firm Fixed Effects 回归方法，EPU 回归系数在 OLS 回归方法下系数分别为 -0.001、-0.002 和 -0.001，在 Firm Fixed Effects 回归方法下系数分别为：-0.001、-0.002 和 -0.001，所有回归结果系数都显著为负，具体结果见表 6-7。稳健性检验也进一步验证了本书的假设 H6-3：经济政策不确定性降低了企业的股权融资成本。

表 6-7　　稳健性检验

	OLS			Firm Fixed Effects		
	EPU	AEPU	EPU_{12}	EPU	AEPU	EPU_{12}
EPU	-0.001***	-0.002***	-0.001***	-0.001***	-0.002***	-0.001***
	(-18.45)	(-24.03)	(-13.38)	(-17.03)	(-24.08)	(-11.35)
Firstr	-0.002	-0.002	-0.002	0.001	0.001	0.001
	(-1.40)	(-1.43)	(-1.43)	(0.58)	(0.40)	(0.66)
Size	-0.002***	-0.002***	-0.002***	-0.001***	-0.001***	-0.001***
	(-9.60)	(-9.39)	(-9.74)	(-3.01)	(-2.70)	(-3.16)
Age	-0.002***	-0.001***	-0.002***	0.001	0.003**	-0.002
	(-3.72)	(-3.09)	(-4.40)	(0.51)	(2.48)	(-1.48)
Lev	0.004***	0.004***	0.005***	0.001	0.000	0.002
	(4.21)	(3.91)	(4.52)	(0.88)	(0.38)	(1.32)
ROE	-0.001	-0.001	-0.001	0.002**	0.002**	0.002**
	(-0.82)	(-0.63)	(-1.01)	(2.32)	(2.51)	(2.18)
Growth	-0.000**	-0.000**	-0.000**	-0.000**	-0.000**	-0.000**
	(-2.29)	(-2.11)	(-2.36)	(-2.17)	(-2.03)	(-2.19)
SOE	0.002***	0.002***	0.002***	0.001	0.001	0.001
	(6.38)	(6.30)	(6.45)	(0.61)	(0.64)	(0.56)

续表

	OLS			Firm Fixed Effects		
	EPU	AEPU	EPU_{12}	EPU	AEPU	EPU_{12}
Tobin's Q	-0.002***	-0.002***	-0.001***	-0.001***	-0.001***	-0.001***
	(-13.12)	(-13.34)	(-12.78)	(-9.82)	(-10.68)	(-8.80)
GDP	-0.028***	-0.051***	-0.001	0.009	0.002	0.017*
	(-4.10)	(-7.45)	(-0.10)	(0.93)	(0.19)	(1.81)
聚类	公司	公司	公司	公司	公司	公司
行业	控制	控制	控制	控制	控制	控制
N	23 268	23 268	23 268	23 268	23 268	23 268
Adj. R^2	0.067	0.075	0.061	0.034	0.045	0.027

注：被解释变量是股权资本成本（SC），解释变量分别采用三种度量不确定性的指标：EPU、AEPU、EPU_{12}，表中没有列出常数项的回归结果，括号内为系数的双尾检验 t 值；*、**、*** 分别表示在 10%、5%、1% 的显著性水平上显著。

本节的分析结论是：经济政策不确定性显著降低了企业的股权资本成本，从而提高了企业的投资效率。

6.4　进一步分析：经济政策不确定性与企业加权资本成本

由 6.2 和 6.3 的分析可知，经济政策不确定性显著降低了企业的负债资本成本和股权资本成本，加权资本成本 = 负债率 × 负债成本 + 权益比重 × 权益成本，因此无论企业的负债和权益比重是多少，经济政策不确定性都显著降低了企业的加权资本成本。

本部分进一步计算了企业的加权资本成本，分析了经济政策不确定性对企业加权资本成本的影响。

对于负债资本成本和股权资本成本的度量同前文，建立模型（6-5）分析经济政策不确定性对加权资本成本的影响，控制了企业规模（Size）、第一大股东的持股比例（Firstr）、企业年龄（Age）、资产负债率（Lev）、总资产报酬率（ROA）、销售收入增长率（Growth）、产权性质（SOE）、有形资产比重（Tangible）、独立董事所占比重（Idd）、企业成长性（Tobin′s Q），同时控制了宏观变量 GDP 增长率和行业变量。

$$WACC = \beta_0 + \beta_1 \cdot EPU + \beta_2 \cdot Size + \beta_3 \cdot Firstr + \beta_4 \cdot Age + \beta_5 \cdot Lev + \beta_6 \cdot ROA + \beta_7 \cdot Growth + \beta_8 \cdot SOE + \beta_9 \cdot Tangible + \beta_{10} \cdot Idd + \beta_{11} \cdot Tobin's\ Q + \beta_{12} \cdot GDP + \sum IndustryIndicator + \varepsilon \quad (6-5)$$

分别采用 OLS 和 Firm Fixed Effects 回归方法，采用了三种度量经济政策不确定性的指标：加权算数平均数（EPU）、简单算数平均数（AEPU）和取 12 月的值（EPU_{12}），分析了经济政策不确定性对企业加权资本成本的影响，结果见表 6－8。EPU 的系数都显著为 －0.001，表明经济政策不确定性显著降低了企业加权资本成本。

表 6－8　　经济政策不确定性对企业加权资本成本的影响

	OLS			Firm Fixed Effects		
	EPU	AEPU	EPU_{12}	EPU	AEPU	EPU_{12}
EPU	－0.001***	－0.001***	－0.001***	－0.001***	－0.001***	－0.001***
	（－5.83）	（－6.44）	（－6.19）	（－5.25）	（－5.91）	（－6.05）
Size	－0.003***	－0.003***	－0.003***	－0.004***	－0.004***	－0.004***
	（－9.22）	（－9.15）	（－9.26）	（－5.13）	（－5.08）	（－5.14）
Firstr	－0.004*	－0.004*	－0.004*	－0.007*	－0.007*	－0.007*
	（－1.93）	（－1.94）	（－1.93）	（－1.80）	（－1.85）	（－1.80）
Age	－0.004***	－0.004***	－0.004***	0.000	0.001	0.000
	（－3.79）	（－3.72）	（－3.79）	（0.05）	（0.25）	（0.12）
Lev	－0.020***	－0.020***	－0.020***	－0.011***	－0.012***	－0.011***
	（－7.48）	（－7.50）	（－7.50）	（－3.45）	（－3.51）	（－3.45）
ROA	0.009*	0.010*	0.009*	0.026***	0.026***	0.026***
	（1.78）	（1.82）	（1.74）	（4.91）	（4.97）	（4.87）
Growth	0.000	0.000	0.000	0.000	0.000	0.000
	（0.70）	（0.73）	（0.71）	（0.54）	（0.57）	（0.55）
SOE	－0.000	－0.000	－0.000	0.000	0.000	0.000
	（－0.28）	（－0.28）	（－0.31）	（0.07）	（0.07）	（0.04）

续表

	OLS			Firm Fixed Effects		
	EPU	AEPU	EPU_{12}	EPU	AEPU	EPU_{12}
Tangible	-0.014***	-0.014***	-0.014***	-0.014***	-0.014***	-0.014***
	(-5.83)	(-5.83)	(-5.86)	(-4.27)	(-4.27)	(-4.29)
Idd	-0.003	-0.003	-0.003	0.003	0.003	0.003
	(-0.45)	(-0.44)	(-0.47)	(0.50)	(0.50)	(0.50)
Tobin's Q	-0.000	-0.000	-0.000	-0.000	-0.001	-0.001
	(-0.31)	(-0.33)	(-0.33)	(-1.41)	(-1.50)	(-1.51)
GDP	-0.106***	-0.115***	-0.096***	-0.064***	-0.068***	-0.053**
	(-5.37)	(-5.76)	(-4.93)	(-2.60)	(-2.76)	(-2.12)
行业	控制	控制	控制	控制	控制	控制
N	17 552	17 552	17 552	17 552	17 552	17 552
Adj. R^2	0.107	0.108	0.107	0.021	0.022	0.021

注：被解释变量是加权资本成本 WACC，表中没有列出常数项的回归结果，括号内为系数的双尾检验 t 值；*、**、*** 分别表示在 10%、5%、1% 的显著性水平上显著。

6.5　本章小结

本章对经济政策不确定性影响企业投资效率进行了作用机制分析，分别从经济政策不确定性对企业投资收益率和资本成本的影响进行了分析。其中投资收益率从短期投资收益率和长期投资收益率两个方面进行了分析，资本成本从负债资本成本、股权资本成本和加权资本成本三个方面进行了分析。

本章得出的结论是：

①经济政策不确定性对企业短期收益率的影响不稳健（无影响或者负向影响），但显著提高了企业的长期收益率。

②经济政策不确定性显著降低了企业的负债资本成本、股权资本成本和加权资本成本。

③经济政策不确定性通过提高企业的长期投资收益率和降低加权资本成本，从而提高投资效率。

第 7 章

研究结论与展望

7.1　研究结论

本书首先对投资效率和经济政策不确定性进行了文献回顾和述评，阐述和分析了投资的相关理论和经济政策不确定性的相关理论，在文献回顾和理论分析的基础上，本书从投入产出的角度对投资效率进行了概念的界定。其次对已有度量投资效率的模型进行了分析评价，尤其重点分析了被众多文献引用的并用于度量上市公司投资效率的 Richardson（2006）回归模型，通过上市公司的大数据统计和理论机理分析发现：此模型所度量的“过度投资”并不等同于“使得企业净现值为负的投资”。基于此，本书在有效资本市场理论、托宾 Q 理论和艾尔文·费雪尔（1906）资本预算评估理论等的指导下，在 Mueller 和 Reardon（1993）模型的基础上，结合中国上市公司特征，从投入产出的视角构建了度量企业投资效率的模型，实现了投资效率定义和模型的统一。然后，基于本书所构建的模型，实证分析了经济政策不确定性对企业投资效率的影响，并进行了所有权性质、企业成长机会、经济增长期的异质性分析。最后，本书从影响投资效率的投资收益率和资本成本两个视角进行了经济政策不确定性影响企业投资效率的作用机制分析，其中投资收益率从短期投资收益率和长期投资收益率两个方面进行了分析，资本成本从负债资本成本、股权资本成本和加权资本成本三个方面进行了分析。

本书的研究发现：

①Richardson（2006）回归模型大于 0 的残差所度量的“过度投资”，并不等同于书中对过度投资的定义——“净现值为负的投资”。本书主要从两个角度进行了分析：第一，选取了反映企业业绩的五个主要指标如总资产利润率、净资产利润率、销售收入利润率、销售收入增长率以及总资产周转率，发现 Richardson（2006）回归模型所度量的“过度投资”较“投资不足”企业会计业绩显著好。第二，从投资效率的定义、残差和理

论机理三个角度进行了分析和解释。

②经济政策不确定性显著抑制了企业的投资规模，但提高了投资效率，相对于国有企业、投资机会少的企业以及经济增长高速期，经济政策不确定性对投资效率的提升效应对非国有企业、投资机会多的企业以及在经济增长低速期的影响更大。

③经济政策不确定性影响投资效率的作用机制表明：第一，经济政策不确定性对企业短期收益率的影响不稳健（无影响或者负向影响），但对企业的长期收益率有积极的提高效应。第二，经济政策不确定性显著降低了企业的负债资本成本、股权资本成本和加权资本成本。

7.2 政策建议

（1）政府层面

我国已由计划经济转变为社会主义市场经济，政府在经济中的作用也相应地由计划经济下的行政手段管制转变为通过政策的制定实现对经济的干预。但无论是现实还是理论，市场不可能完全实现资源的最优配置，因此在尊重市场规律的前提下，在实现经济现代化的征程中仍要充分发挥政府对经济的调节和引导作用。特别是经过 2008 年的金融危机以及 2020 年的新冠肺炎疫情，充分彰显了中国政府对社会的宏观调控和经济干预的英明决策。随着外围环境的波动，政府经济政策的出台可能会更频繁。我们坚信中国特色社会主义道路，但在经济政策出台之前，政府应尽可能进行相关的宣传、解读，减少企业和投资者因对政策的担忧所造成的投资决策失误。因为通常政策的频繁出台会被企业或者投资者解读为“不利”，主要是因为：政策出台之前政府对经济的导向被认为存在不确定性，出台之后政策的持续性和实施力度和效果也被认为存在不确定性，因此，通常管理层会观望，投资会受到抑制，投资规模会降低。政府在出台新的经济政策之前尽可能通过新闻媒体、网络等渠道进行政策的解读，让企业和投资者充分了解经济政策出台的背景、目的和走向，使企业和投资者对经济政策有个合理的预期。

（2）企业层面

随着宏观环境波动的加大，政府政策的出台也更加频繁，在这种现状下投资者更加关心经济政策不确定性对投资效率会产生怎样的影响，本书通过上市公司的数据分析得出的结论是：中国经济政策不确定性提高了企业的投资效率。这一研究结论无论对企业还是投资者都是一个极大的利好，坚定了政府出台的经济政策对经济的正确引导的信心，企业在充分防控风险的同时，也应充分解读经济政策，把握政策带来的投资机会和红利。国际经济、政治、人类生存的环境越发复杂和多变，经济政策不确定性可能会持续升高，但企业不可能一直处于观望和停滞，应倒逼自己完善自身，提升企业生存和发展的“硬件”和“软实力”，在政策的指引下寻求新的利润增长点提高业绩。尤其是现阶段，我国经济已经进入高质量发展阶段，科技创新和竞争是未来一段时期内企业获胜的法宝，企业应在不确定性中抓住机遇通过研发活动谋求自我发展，提高企业乃至国家的综合实力。

7.3 研究局限与研究展望

本书分析了经济政策不确定性对企业投资效率的影响并从投资收益率和资本成本的视角展开了作用机制分析，但本书的研究还存在以下几方面的局限性，后期有望在已有研究的基础上进行拓展分析。

①近些年行为金融学理论成为指导企业投资效率的一个新方向，本书仅从影响投资效率的收益率和资本成本的视角进行了经济政策不确定性影响投资效率的作用机制分析，对于经济政策不确定性下管理者自信如何影响企业的投资效率并未展开分析，这也是后期的一个研究展望。

②不同金融市场化水平下经济政策不确定性影响投资效率的差异由于

缺少数据，本书并未展开研究。

③投资收益率难以量化，经济政策不确定性如何进一步影响企业长期投资收益率，可以从创新研发等角度进一步深入研究。

④结合本书的创新点，对于后续研究可以基于本书所建立的模型（4－5）和模型（4－6），对投资效率影响因素的其他视角展开分析。

参考文献

[1] Jensen, M.. Agency Cost of Free Cash Flow, Corporate Finance, and Takeovers. American Economic Review, 1986 (5): 323 -329.

[2] Fazzari, S. M., R. G. Hubbard and B. C. Petersen. Financing Constraints and Corporate Investment [J]. Booking Paper on Economic Activity, 1988 (1): 141 -195.

[3] Vogt, Stephen C. The Cash Flow/Investment Relationship: Evidence from U. S. Manufacturing Firms. Financial Management, 1994 (Summer): 3 -20.

[4] 申慧慧，于鹏，吴联生．国有股权、环境不确定性与投资效率 [J]．经济研究，2012 (7): 213 -226.

[5] 刘慧龙，王成方，吴联生．决策权配置、盈余管理与投资效率．经济研究，2014 (8): 93 -106.

[6] 张功富，宋献中．我国上市公司投资：过度还是不足．会计研究，2009 (5): 69 -78.

[7] Richardson, S.. Over - investment of Free Cash Flow. Review of Accounting Studies, 2006, 11 (2): 159 -189.

[8] 饶品贵，岳衡，姜国华．经济政策不确定性与企业投资行为研究．世界经济，2017 (2): 27 -51.

[9] 李佳霖，董嘉昌，张倩肖．经济政策不确定性、融资约束与企业投资．统计与信息论坛，2019 (10): 73 -83.

[10] 杨志强，李增泉．混合所有制、环境不确定性与投资效率——基

于产权专业化视角．上海财经大学学报，2018，4（2）：4－21.

[11] 艾尔文·费雪尔（Irving Fisher）．资本与收入的性质．商务印书馆，1906.

[12] Muller. D. and E. Reardon. Rates of Return on Corporate Investment. Southern Economic Journal, 1993, 60（2）: 430－453.

[13] Lang, L. and Litzenberger, R. Dividend Announcements: Cash Flow Signalling vs. Free Cash Flow Hypothesis. Journal of Financial Economics, 1989（9）: 181－191.

[14] Kausar, A., N. Shroff, H. D. White. Real Effects of the Audit Choice. Journal of Accounting and Economics, 2016, 62（1）: 157－181.

[15] Chen, F., O. K. Hope, Q. Li, X. Wang. Financial Reporting Quality and Investment Efficiency of Private Firms in Emerging Markets. The Accounting Review, 2011, 86（4）: 1255－1288.

[16] Stein, J. Agency, Information and Corporate Investment. Handbook of the Economics of Finance. 1st Edition. Amsterdam: North－Holland, 2003: 111－165.

[17] 李焰，秦义虎，张肖飞．企业产权、管理者背景特征与投资效率[J]．管理世界，2011（1）：135－144.

[18] 靳庆鲁，孔祥，侯青川．货币政策、民营企业投资效率与公司期权价值．经济研究，2012（5）：96－106.

[19] 唐雪松，周晓苏，马如静．上市公司过度投资行为及其制约机制的实证研究．会计研究，2007（7）：44－52.

[20] 何金耿，丁加华．上市公司投资决策行为的实证分析．证券市场导报，2001（9）：44－47.

[21] 冯巍．内部现金流量和企业投资——来自我国股票市场上市公司财务报告的证据．经济科学，1999（1）：51－57.

[22] 喻坤，李治国，张晓蓉，徐剑刚．企业投资效率之谜：融资约束假说与货币政策冲击．经济研究，2014（5）：106－120 .

[23] 魏明海，柳建华．国企分红、治理因素与过度投资[J]．管理世

界，2007（4）：88－95.

［24］陈运森，谢德仁．网络位置、独立董事治理和投资效率．管理世界，2011（7）：113－127.

［25］肖珉．现金股利、内部现金流与投资效率．金融研究，2010（10）：117－134.

［26］陈艳，李鑫，孟顺．现金股利迎合、再融资需求与企业投资——投资效率视角下的半强制分红政策有效性研究．会计研究，2015（11）：69－75.

［27］唐雪松，周晓苏，马如静．上市公司过度投资行为及其制约机制的实证研究．会计研究，2007（7）：44－52.

［28］陈艳艳，罗党论．地方官员更替与企业投资．经济研究，2012（2）：18－30.

［29］杨华军，胡奕明．制度环境与自由现金流的过度投资．管理世界，2007（9）：99－116，172.

［30］刘凤委，李琦．市场竞争、EVA评价与企业过度投资．会计研究，2013（2）：54－95.

［31］姜付秀，伊志宏，苏飞，黄磊．管理者背景特征与企业过度投资行为［J］．管理世界，2009（1）：130－139.

［32］刘行，叶康涛．企业的避税活动会影响投资效率吗？会计研究，2013（6）：47－53，96.

［33］陈运森，谢德仁．网络位置、独立董事治理和投资效率．管理世界，2011（7）：113－127.

［34］刘慧龙，王成方，吴联生．决策权控制、盈余管理和投资效率．经济研究，2014（8）：93－106.

［35］翟胜宝，易旱琴，郑洁，唐玮，曹学勤．银企关系与企业投资效率——基于我国民营上市公司的经验证据．会计研究，2014（4）：74－80.

［36］孙晓华，李明珊．国有企业的过度投资及其效率损失．中国工业经济，2016（10）：109－125.

［37］夏子航，马忠，陈登彪．债务分布与企业风险承担——基于投资

效率的中介效应检验. 南开管理评论, 2015 (8): 90 - 100.

[38] 高明华, 朱松, 杜雯翠. 财务治理、投资效率与企业经营绩效. 财经研究, 2012 (4): 123 - 133.

[39] 张会丽, 陆正飞. 现金分布、公司治理与过度投资——基于我国上市公司及其子公司的现金持有状况的考察. 管理世界, 2012 (3): 141 - 150.

[40] 俞红海, 徐龙炳, 陈百助. 终极控股股东控制权与自由现金流过度投资. 经济研究, 2010 (8): 103 - 114.

[41] 张伟华, 郭盈良, 张昕. 纵向一体化、产权性质与企业投资效率. 会计研究, 2016 (7): 35 - 41.

[42] 张超, 刘星. 内部控制缺陷信息披露与企业投资效率——基于中国上市公司的经验研究. 南开管理评论, 2015 (5): 136 - 150.

[43] 辛清泉, 林斌, 王彦超. 政府控制、经理薪酬与资本投资. 经济研究, 2007 (8): 110 - 122.

[44] 吕长江, 张海平. 股权激励计划对公司投资行为的影响. 管理世界, 2011 (11): 118 - 126.

[45] 孙晓华, 李明珊. 国有企业的过度投资及其效率损失. 中国工业经济, 2016 (10): 109 - 125.

[46] 周伟贤. 投资过度还是投资不足——基于A股上市公司的经验证据. 中国工业经济, 2010 (9): 151 - 160.

[47] 佟爱琴, 马星洁. 宏观环境、产权性质与企业非效率投资. 管理评论, 2013 (9): 12 - 20.

[48] Biddle, G., Hilary, G., Verdi, R.. How does financial reporting quality improve investment efficiency? Journal of Accounting and Economics, 2009 (48): 112 - 131.

[49] 窦欢, 张会丽, 陆正飞. 企业集团、大股东监督与过度投资. 管理世界, 2014 (7): 134 - 142 + 171.

[50] 王克敏, 刘静, 李晓溪. 产业政策、政府支持与公司投资效率研究. 管理世界, 2017 (3): 113 - 124.

[51] 李万福，林斌，宋璐. 内部控制在公司投资中的角色：效率促进还是抑制？. 管理世界，2011 (2)：81 -99 +188.

[52] 袁振超，饶品贵. 会计信息可比性与投资效率. 会计研究，2018 (6)：39 -46.

[53] 饶品贵，岳衡，姜国华. 经济政策不确定性与企业投资行为研究. 世界经济，2017 (2)：27 -51 .

[54] Baumol, William J. Peggy Heim, Burton G. Malkiel and Richard E. Quandt. Earnings Retention, New Capital and the Growth of the Firm. The Review of Economics and Statistics, 1970 (11)：345 -355 .

[55] Whittington G.. The Profitability of Retained Earnings. The Review of Economics and Statistics, 1972 (5)：152 -160.

[56] Irwin Friend and Frank Husic. Efficiency of Corporate Investment. The Review of Economics and Statistics, 1973 (2)：122 -127.

[57] 张峥，孟晓静，刘力. A 股上市公司的综合资本成本与投资回报——从内部报酬率的视角观察. 经济研究，2004 (8)：74 -84.

[58] Fama, Eugene F. , Kenneth R. French. The Corporate Cost of Capital and the Return on Corporate Investment, Journal of Finance. 1999, 54 (6)：1939 -1967 .

[59] 辛清泉，林斌，杨德明. 中国资本投资回报率的估算和影响因素分析. 经济学 (季刊)，2007 (7)：1143 -1163.

[60] 徐玉德，周玮. 不同资本结构与所有权安排下的投资效率测度——来自我国 A 股市场的经验证据. 中国工业经济，2009 (11)：131 -140.

[61] 徐倩. 不确定性、股权激励与非效率投资. 会计研究，2014 (3)：41 -48.

[62] 钟海燕，冉茂盛，文守逊. 政府干预、内部人控制与公司投资. 管理世界，2010 (7)：98 -108 .

[63] 陈艳艳，罗党论. 地方官员更替与企业投资. 经济研究，2012 (2)：18 -30.

[64] Kashaya A. K. , Stein J. C. And Wilco D. W. Monetary Policy and

Credit Conditions: Evidence from the Composition of External Finance [J]. American Economic Review, 1993 (83): 78 -98.

[65] Kashya A. K., Stein J. C. What do a million observations on banks say about the transmission of monetary policy? [J]. Erican Economic Review, 2000, 90 (3): 407 -428.

[66] Karim, Zulkefly Abdul and W. N. W. Azman—Saini. Firm - Level Investment and Monetary Policy in Malaysia: Do the Interest Rate and Broad Credit Channels Matter? [J]. Journal of the Asia Pacific Economy, 2013, 18 (3): 396 -412.

[67] Acemoglu, D., A. Ozdaglar, and A. Tahbaz - Salehi. Microeconomic origins of macroeconomic tail risks. American Economic Review, 2017, 107 (1): 54 - 101.

[68] Fu Q, Liu X. Monetary Policy and Dynamic Adjustment of Corporate Investment: A Policy Transmission Channel Perspective [J]. China Journal of Accounting Research, 2015, 8 (2): 91 - 109.

[69] 张西征，刘志远，王静．货币政策影响公司投资的双重效应研究．管理科学，2012 (10): 108 - 119.

[70] 谢军，黄志忠，何翠茹．宏观货币政策和企业金融生态环境优化——基于企业融资约束的实证分析 [J]．经济评论，2013 (4): 116 - 123.

[71] 喻坤，李治国，张晓蓉，徐剑刚．企业投资效率之谜：融资约束假说与货币政策冲击．经济研究，2014 (5): 106 - 120.

[72] 李延喜，曾伟强，马壮，陈克兢．外部治理环境、产权性质与上市公司投资效率．南开管理评论，2015 (1): 25 -36.

[73] Myers, S. C., and Majluf, N. S. Corporate financing and investment decisions when firms have information that investors do not have. Journal of Financial Economics, 1984 (13): 187 -221.

[74] Kaplan, Steven N., and Zingales, Luigi. Do Investment - Cash Flow Sensitivities Provide Useful Measures of Financing Constraints? . Quarterly Journal of Economics, 1997 (112): 169 -215.

[75] Cleary, S. The relationship between firm investment and financial status. Journal of Finance, 1999 (54): 673 –692.

[76] Wang, Lihong. Protection or expropriation: Politically connected independent directors. Journal of Banking & Finance, 2015 (55) : 92 –106.

[77] Devereux M, F Schiantarelli. Investment, financial factors and cash flow: Evidence from U. K. panel data, 1989.

[78] Hoshi T, A Kashyap, D Scharfstein. Corporate structure, liquidity and investment: Evidence from Japanese industrial groups. Quarterly Journal of Economics, 1991 (106): 33 –60.

[79] 连玉君，程建．投资——现金流敏感性：融资约束还是代理成本？．财经研究，2007 (2): 37 –46.

[80] 罗琦，肖文翀，夏新平．融资约束抑或过度投资——中国上市企业投资—现金流敏感度的经验证据，2007 (9): 103 –110.

[81] 冯巍．内部现金流量和企业投资——来自我国股票市场上市公司财务报告的证据．经济科学，1999 (1): 51 –57.

[82] 何金耿，丁加华．上市公司投资决策行为的实证分析．证券市场导报，2001 (9): 44 –47.

[83] 郑江淮，何旭强，王华．上市公司投资的融资约束：从股权结构角度的实证分析．金融研究，2001 (11): 92 –99.

[84] Jensen M C, Meckling W H. Theory of the firm: Managerial behavior, agency costs and ownership structure. Journal of financial economics, 1976, 3 (4): 305 –360.

[85] Myers S C. Determinants of corporate borrowing. Journal of financial economics, 1977, 5 (2): 147 –175.

[86] Hovakimian, G. Financial Constraints and Investment Efficiency: Internal Capital Allocation across the Business Cycle. Journal of Financial Intermediation, 2001, 20 (2): 264 –283.

[87] 童盼，陆正飞．负债融资、负债来源与企业投资行为——来自中国上市公司的经验证据．经济研究，2005 (5): 75 –84.

[88] 陈建勇，王东静，张景青．公司债务期限结构与投资效率．数量经济技术经济研究，2009（4）：80－92.

[89] 应千伟，罗党论．授信额度与投资效率［J］．金融研究，2012（5）：151－163.

[90] 罗响，吴晓欣．融资约束、代理问题与投资行为关系的实证分析．统计与决策，2015（11）：160－162.

[91] Alessandra Guariglia，Junhong Yang. A balancingact：Managing financial constraints and agency costs to minimize investment inefficiency in the Chinese market. Journal of Corporate Finance，2016（36）：111－130.

[92] 张悦玫，张芳，李延喜．会计稳健性、融资约束与投资效率．会计研究，2017（9）：35－40＋96.

[93] 郭丽虹，马文杰．债务融资、商业信贷与中小企业投资——来自非上市制造业企业的证据．财经研究，2011（3）：136－144.

[94] 宋淑琴，姚凯丽．融资约束、异质债务与过度投资差异化：民营上市公司2007—2011年样本．改革，2014（1）：138－147.

[95] 邓向荣，张嘉明．融资方式、融资约束与企业投资效率——基于中国制造业企业的经验研究．山西财经大学学报，2016（12）：29－40.

[96] 杨兴全，张照南，吴昊旻．治理环境、超额持有现金与过度投资——基于我国上市公司面板数据的分析．南开管理评论，2010（5）：61－69.

[97] 肖珉．现金股利、内部现金流与投资效率．金融研究，2010（10）：117－134.

[98] 陈艳，李鑫，李孟顺．现金股利迎合、再融资需求与企业投资．会计研究，2015（11）：69－75.

[99] 徐莉萍，辛宇，陈工孟．股权集中度和股权制衡及其对公司经营绩效的影响．经济研究，2006（1）：90－100.

[100] 吕峻．政府干预和治理结构对公司过度投资的影响．财经问题研究，2012（1）：31－37.

[101] 王兵，吕梦，汪振坤．审计总监兼任监事、专业能力差异与企

业投资效率．会计研究，2018（9）：88－94.

［102］罗进辉，万迪昉，蔡地．大股东治理与管理者过度投资行为．经济管理，2008（19—20）：33－39.

［103］蔡吉甫．管理层持股、自由现金流量与过度投资．云南财经大学学报，2009（5）：78－83．

［104］Lihong Wang. Protection or expropriation：Politically connected independent directors. Journal of Banking & Finance，2015（55）：92－106.

［105］李维安，姜涛．公司治理与企业过度投资行为研究——来自中国上市公司的证据．财贸经济，2007（12）：56－141.

［106］柳建华，卢锐，孙亮．公司章程中董事会对外投资权限的设置与企业投资效率——基于公司章程自治的视角．管理世界，2015（7）：130－142＋157.

［107］Jensen，M. C.，Meckling，W. H.. Theory ofthe Firm：Managerial Behavior，Agency Cost and Ownership Structure. Journal of olitical Economy，1976，3（4）：305－360.

［108］Fama，E. F. Agency Problems and the Theory of the Firm. General Information，1980，88（2）：288－307．

［109］Lipton，M.，Lorsch，J. W. A Modest Proposal for Improved Corporate. Governance Business Lawyer，1992，68（1）：282－287.

［110］Hadlock，C. J. Ownership，Liquidity and Investment. Journal of Economics，1998，29（3）：487－508．

［111］谢佩洪，汪春霞．管理层权力、企业生命周期与投资效率——基于中国制造业上市公司的经验研究．南开管理评论．2017，20（1）：57－66.

［112］Wu，X. P.，Zheng W. Equity Financing in a Myers－Majluf Frame Work with Private Benefits of Control. Journal of Corporate Finance，2005，11（5）：915－945.

［113］Aggarwal，R.，Samwick，A. Empire Builders and Shirkers：Investment，Firm Performance，and Managerial Incentives. Journal of Corporate Finance，2006，12（3）：489－515.

[114] 刘怀珍，欧阳令南．经理私人利益与过度投资．系统工程理论与实践，2004（10）：44－48．

[115] Bebchuk，L. A.，Fried，J. M. Executive Compensation as an Agency Problem. Journal of Economic Perspectives，2003，17（3）：71－92.

[116] 刘艳霞，祁怀锦．管理者自信会影响投资效率吗——兼论融资融券制度的公司外部治理效应．会计研究，2019（4）：43－49.

[117] 李云鹤．公司过度投资源于管理者代理还是过度自信．世界经济，2014（12）：95－117.

[118] Chen，F.，Hope，O. K.，Q. Li，X. Wang. Financial Reporting Quality and Investment Efficiency of Private Firms in Emerging Markets. The Accounting Review，2011，86（4）：1255－1288.

[119] 韩静，陈志红，杨晓星．高管团队背景特征视角下的会计稳健性与投资效率关系研究．会计研究，2014（12）：25－31.

[120] 杨丹，王宁，叶建明．会计稳健性与上市公司投资行为——基于资产减值角度的实证分析．会计研究，2011（3）：27－33.

[121] 朱松，夏冬林．稳健会计政策、投资机会与企业投资效率．财经研究，2010（6）：69－79.

[122] Bushman R M，Pio tro ski J D，Smith A J. Capital allocation and timely accounting recognition of economic losse. Working Paper，The University of North Carolina，2006.

[123] 李青原，陈超，赵曌．最终控制人性质、会计信息质量与公司投资效率——来自中国上市公司的经验证据．经济评论，2010（2）：81－93.

[124] Hu，J.，A. Y. Li，and F. F. Zhang. Does Accounting Conservatism Improve the Corporate Information Environment?．Journal of International Accounting，Auditing and Taxation，2014，23（1）：32－43.

[125] 张琛，刘银国．会计稳健性与自由现金流的代理成本：基于公司投资行为的考察．管理工程学报，2015（1）：98－105.

[126] Bushman R M，Smith A J. Financial Accounting Information and

Corporate Governance. Communication of finance & accounting, 2001, 32 (1): 237 -333.

[127] Savov S. Earnings Management, Investment and Dividend Payments [J]. SSRN Electronic Journal, 2006 (7): 55 -58.

[128] Beaver, William H. Financial Statement Analysis and the Prediction of Financial Distress [J]. Foundations & Trends in Accounting, 2010, 5 (2): 99 -173.

[129] Mcnichols M. F. , Stubben S. R. . Does Earnings Management Affect Firms' Investment Decisions? [J]. Accounting Review, 2008, 83 (6): 1571 -1603.

[130] 程新生，谭有超，刘建梅．非财务信息、外部融资与投资效率——基于外部制度约束的研究．管理世界，2012 (7): 137 -150 +188.

[131] Stoughton, Neal M. , Wong Kit Pong, Long Yi. Investment Efficiency and Product Market Competition. Journal of Financial and Quantitative, 2017, 52 (6): 2611 -2642.

[132] Can Chen, Jeong - Bon Kim, Minghai Wei. Linguistic Information Quality in Customers' Forward - Looking Disclosures and Suppliers' Investment Decisions. Contemporary Accounting Research, 2019, 36 (3): 1751 -1783.

[133] Desai, M. , and D. Dharmapala. Corporate tax avoidance and high powered incentives. Journal of Financial Economics, 2006, 9 (1): 145 -179.

[134] Desai, M. , A. Dyck, and L. Zingales. Theft and taxes. Journal of Financial Economics, 2007, 84 (3): 591 -623.

[135] Bradley S. Blaylock. Is Tax Avoidance Associated with Economically Signi? cant Rent Extraction among U. S. Firms? . Contemporary Accounting Research, 2016, Fall (33): 1013 -1043.

[136] 刘行，叶康涛．企业的避税活动会影响投资效率吗？会计研究，2013 (6): 47 -53 +96.

[137] Rogerson, W. P. Intertemporal Cost Allocation and Managerial Investment Incentives: A Theory Explaining the Use of Economic Value Added as a

Performance Measure. Journal of Political Economy, 1997, 105 (4): 770 - 795.

[138] Joel Stern. Corporate Governance, EVA, and Shareholder Value. Journal of Applied Corporate Finance, 2004 (16): 91 - 99.

[139] 张先治，李琦. 基于 EVA 的业绩评价对央企过度投资行为影响的实证分析. 当代财经，2012 (5): 119 - 128.

[140] Oded Rozenbaum. EBITDA and Managers' Investment and Leverage Choices. Contemporary Accounting Research, 2019, Spring (36): 513 - 546.

[141] 夏子航，马忠，陈登彪. 债务分布与企业风险承担——基于投资效率的中介效应检验. 南开管理评论，2015，18 (6): 90 - 100.

[142] 翟胜宝，易旱琴，郑洁，唐玮，曹学勤. 银企关系与企业投资效率——基于我国民营上市公司的经验证据. 会计研究，2014 (4): 74 - 80 + 96.

[143] Knight F H. Risk, Uncertainty and Profit. Boston: Houghton Mifflin Company, The Riverside Press, Cambridge, 1921 (4): 682 - 690.

[144] Arrow K J, Debreu G. Existence of an Equilibrium for a Competitive Economy. Econometrica, 1954, 22 (3): 265 - 290.

[145] Jurado K, Ludvigson S, Ng S. Measuring Uncertainty. American Economic Review, 2015, 105 (3): 1177 - 1216.

[146] Brogaard J, Detzel A. The asset pricing implications of government economic policy uncertainty. Management Science, 2015, 61 (1): 3 - 18.

[147] 陈国进，张润泽，赵向琴. 政策不确定性、消费行为与股票资产定价. 世界经济，2017 (1): 116 - 141.

[148] Leahy, J. V., and Whited, T. M.. The Effect of Uncertainty on Investment: Some Stylized Facts. Journal of Money, Credit, and Banking, 1996, 28 (1): 7 - 27.

[149] Bulan, L. T. Real Options, Irreversible Investment and Firm Uncertainty: New Evidence from U. S. Firms. Review of Financial Economics, 2005 (14): 255 - 279.

[150] Panousi, V., and Papanikolaou, D. Investment, Idiosyncratic Risk, and Ownership. Journal of Finance, 2012, 67 (3): 1113 - 1148.

[151] 吴锡皓，胡国柳. 不确定性、会计稳健性与分析师盈余预测. 会计研究，2015 (9): 27 - 34.

[152] Ghosh D, Olsen L. Environmental Uncertainty and Managers Use of Discretionary Accruals. Accounting, Organizations and Society, 2009, 34 (2): 188 - 205.

[153] 王爱群，唐文萍. 环境不确定性对财务柔性与企业成长性关系的影响研究. 中国软科学，2017 (3): 186 - 192.

[154] 王东清，刘静静. 环境不确定性、会计稳健性与非效率投资——基于民营上市公司的经验证据. 经济问题，2018 (3): 125 - 129.

[155] 廖义刚，邓贤琨. 环境不确定性、内部控制质量与投资效率. 山西财经大学学报，2016 (8): 90 - 101.

[156] 彭若弘，于文超. 环境不确定性、代理成本与投资效率. 投资研究，2018 (10): 41 - 52.

[157] 陈峻，张志宏. 环境不确定性、客户集中度与投资效率. 财经论丛，2016 (4): 54 - 61.

[158] Bollerslev T, Tauchen G, Zhou H. Expected Stock Returns and Variance Risk Premia. Review of Financial Studies, 2009, 22 (11): 4463 - 4492.

[159] Jiang G J, Tian Y S. Model - Free Implied Volatility and Its Information Content. Review of Financial Studies, 2005, 18 (4): 1305 - 1342.

[160] Carr P, Wu L. Variance Risk Premiums. Review of Financial Studies, 2009, 22 (3): 1311 - 1341.

[161] 王义中，宋敏. 宏观经济不确定性、资金需求与公司投资. 经济研究，2014 (2): 4 - 17.

[162] Fernandez - Villaverde J, Guerron - Quintana P, Kuester K, Rubio - Ramirez J. Fiscal Volatility Shocks and Economic Activity. American Economic Review, 2015, 105 (11): 3352 - 3384.

[163] Born B, Preifer J. Policy Risk and the Business Cycle. Journal of

Monetary Economics, 2014, 68 (1): 68 -85.

[164] Julio B, Yook Y. Policy Uncertainty, Irreversibility, and Cross - border Flows of Capital. Journal of International Economics, 2016, 10 (3): 13 -26.

[165] Goodell J W, Vahamaa S. US Presidential Elections and Implied Volatility: the Role of Political Incertainty. Journal of Banking & Finance, 2013, 37 (3): 1108 -1117.

[166] Jens, C. E.. Political Uncertainty and Investment: Causal Evidence from U. S. Gubernatorial Elections. Journal of Financial Economics, 2017, 124 (3): 563 -579.

[167] Waisman, M. , P. Ye and Y. Zhu. The Effect of Political Uncertainty on the Cost of Corporate Debt. Journal of Financial Stability, 2016 (16): 106 -117.

[168] 贾倩，孔祥，孙峥. 经济政策不确定性与企业投资行为——基于升级地方官员变更的实证检验. 财经研究，2013 (2): 81 -91.

[169] 杨海生，陈少凌，罗党论，佘国满. 政策不稳定性与经济增长——来自中国地方官员变更的经验证据. 管理世界，2014 (9): 13 -28 +187 -188.

[170] 陈德球，陈运森，董志勇. 政策不确定性、税收征管强度与企业税收规避. 管理世界，2016 (5): 151 -163.

[171] 钱爱民，张晨宇. 政策不确定性、会计信息质量与银行信贷合约——基于民营企业的经验证据. 中国软科学，2016 (11): 121 -136.

[172] Liemieux J, Peterson R A. Purchase Deadline as a Moderator of the Effects of Price Uncertainty on Search Behavior. Journal of Economic Psychology, 2011, 32 (1): 33 -44.

[173] Gentzkow M, Shapiro J M. What Drives Media Slant? Evidence from US Daily Newspapers. Econometrica, 2010, 78 (1): 35 -71.

[174] Hoberg G, Phillips G. Product Market Synergies and Competition in Mergers and Acquisitions: A Text - Based Analysis. Review of Financial Stud-

ies, 2010, 23 (10): 3773 -3811.

[175] Alexopoulos M, Cohen J. The Power of Print: Uncertainty Shocks, Markets, and the Economy. International Review of Economics and Finance, 2015 (40): 8 -28.

[176] Baker, S. R., Bloom, N, Davis, S. J. Measuring economic policy uncertainty [J]. The Quarterly Journal of Economics, 2016, 131 (4): 1593 -1636.

[177] Gulen H., Ion M. Policy Uncertainty and Corporate Investment. Review of Financial Studies, 2016, 29 (3): 523 -564.

[178] 刘贯春，段玉柱，刘媛媛．经济政策不确定性、资产可逆性与固定资产投资．经济研究，2019，54 (8): 53 -70.

[179] 张成思，刘贯春．中国实业部门投融资决策机制研究——基于经济政策不确定性和融资约束异质性视角．经济研究，2018 (12): 51 -67.

[180] 李凤羽，史永东．经济政策不确定性与企业现金持有策略——基于中国经济政策不确定指数的实证研究．管理科学学报，2016，19 (6): 157 -170.

[181] 陈德球，陈运森，董志勇．政策不确定性、市场竞争与资本配置．金融研究，2017 (11): 65 -80.

[182] 陈国进，王少谦．经济政策不确定性如何影响企业投资行为．财贸经济，2016 (5): 5 -21．

[183] 谭小芬，张文婧．经济政策不确定性影响企业投资的渠道分析．世界经济，2017，40 (12): 3 -26.

[184] Huang Y, Luk P. Measuring economic policy uncertainty in China [R]. Working Paper, Hong Kong Baptist University, 2018.

[185] 潘攀，邓超，邱煜．经济政策不确定性、银行风险承担与企业投资．财经研究，2020 (2): 67 -81.

[186] Zhang G, Han J, Pan Z, et al. Economic Policy Uncertainty and Capital Structure Choice: Evidence from China. Economic Systems, 2015, 39

(3): 439 -457.

[187] Bordo, M. D., J. V. Duca, C. Koch. Economic Policy Uncertainty and the Credit Channel: Aggregate and Bank Level US Evidence Over Several Decades. Journal of Financial Stability, 2016 (26): 90 -106.

[188] Valencia, F. Aggregate Uncertainty and the Supply of Credit. Journal of Banking & Finance, 2017 (81): 150 -165.

[189] 段梅. 经济政策不确定性会影响货币政策有效性吗——基于信贷渠道的视角. 当代财经, 2017 (6): 18 -27.

[190] 沈悦, 马续涛. 政策不确定性、银行异质性与信贷供给. 西安交通大学学报 (社会科学版), 2017 (3): 1 -6.

[191] 纪洋, 王旭, 谭语嫣, 黄益平. 经济政策不确定性、政府隐性担保与企业杠杆率分化. 经济学 (季刊), 2018 (1): 449 -470.

[192] 蒋腾, 张勇冀, 赵晓丽. 经济政策不确定性与企业债务融资. 管理评论, 2018 (3): 30 -39.

[193] 宫汝凯, 徐悦星, 王大中. 经济政策不确定性与企业杠杆率. 金融研究, 2019 (10): 59 -77.

[194] 罗丹, 李志骞. 经济政策不确定性对企业融资影响的实证分析. 统计与决策, 2019, 35 (9): 170 -174.

[195] 倪国爱, 董小红. 经济政策不确定性、会计稳健性与债务融资. 财贸研究, 2019, 30 (6): 99 -110.

[196] Francis, B. B. I. Hasan and Y. Zhu. Political Uncertainty and Bank loan Contracting. Journal of Empirical Finance, 2014 (29): 281 -286.

[197] Waisman, M., P. Ye and Y. Zhu. The Effect of Political Uncertainty on the Cost of Corporate Debt. Journal of Financial Stability, 2015 (16): 106 -117.

[198] 罗党论, 佘国满. 地方官员变更与地方债发行. 经济研究, 2015 (6): 131 -146.

[199] 宋全云, 李晓, 钱龙. 经济政策不确定性与企业贷款成本. 金融研究, 2019 (7): 57 -75.

[200] 吴伟军，李铭洋．中国经济政策不确定性对企业债务融资成本的影响．当代财经，2019（11）：61－71.

[201] Zhang G，Han J，Pan Z，et al. Economic Policy Uncertainty and Capital Structure Choice：Evidence from China. Economic Systems，2015，39（3）：439－457.

[202] 王朝阳，张雪兰，包慧娜．经济政策不确定性与企业资本结构动态调整及稳杠杆．中国工业经济，2018（12）：134－151.

[203] 顾研，周强龙．政策不确定性、财务柔性价值与资本结构动态调整．世界经济，2018（6）：102－126.

[204] 李爽，裴昌帅．经济政策不确定性与资本结构非线性动态调整．财经论丛，2019（1）：43－51.

[205] Duong H. N.，Nguyen J. H.，Nguyen M.，et al. Economic Policy Uncertainty and Corporate Cash Holdings. SSRN，2017.

[206] 梁权熙，田存志，詹学斯．宏观经济不确定性、融资约束与企业现金持有行为——来自中国上市公司的经验证据．南方经济，2012（4）：3－16.

[207] 王红建，李青原，邢斐．经济政策不确定性、现金持有水平及其市场价值．金融研究，2014（9）：53－68.

[208] 张光利，钱先航，许进．经济政策不确定性能够影响企业现金持有行为吗？．管理评论，2017，29（9）：15－27.

[209] 陈艳艳，程六兵．经济政策不确定性、高管背景与现金持有．上海财经大学学报，2018，20（6）：94－108.

[210] Segal G，Shaliastovich I，Yaron A. Good and Bad Uncertainty. Macroeconomic and Fiancial Market Implication. Journal of Financial Economics，2015，117（2）：369－397.

[211] Bar－Ilan A，Strange W C. Investment Lags. The American Economic Review，1996，86（3）：610－622.

[212] Oi W Y. The Desirability of Price Instability under Perfect Competition. Econometrica，1961，29（1）：58－64.

[213] Hartman R. The Effects of Price and Cost Uncertainty on Investment. Journal of Economic Theory, 1972, 5 (2): 258 -266.

[214] Abel A B, Eberly J C. A Unified Model of Investment under Uncertainty. American Economic Review, 1994, 84 (5): 1369 -1384.

[215] Pasto L, Veronesi P. Political Uncertainty and Risk Premia. Journal of Financial Economics, 2013, 110 (3): 520 -545.

[216] Bernanke B S. Irreversibility, Uncertainty, and Cyclical Investment. Quarterly Journal of Economics, 1983, 98 (1): 85 -106.

[217] Kang W. , Lee K. , Ratti R. A. Economic Policy Uncertainty and Firm - level Investment. Journal of Macroeconomics, 2014, 39 (3): 42 -53.

[218] Gilchrist S, Sim J, Zakrajsek E. Uncertainty, Financial Frictions, and Investment Dynamics. NBER Working Paper, 2014, 20038.

[219] 李凤羽，杨墨竹．经济政策不确定性会抑制企业投资吗？——基于中国经济政策不确定指数的实证研究．金融研究，2015 (4): 115 - 129 .

[220] 陈国进，王少谦．经济政策不确定性如何影响企业投资行为．财贸经济，2016 (5): 5 -21 .

[221] Tornell A. . Real vs. Financial Investment Can Tobin Taxes Eliminate the Irreversibility Distortion? [J]. Journal of Development Economics, 1990, 32 (2): 419 -444.

[222] 陆婷．经济政策不确定性与企业短期金融资产配置. 2018 (8): 93 -113.

[223] 许罡，伍文中．经济政策不确定性会抑制实体企业金融化投资吗？当代财经，2018 (9): 114 -123.

[224] 彭俞超，韩珣，李建军．经济政策不确定性与企业金融化 [J]. 中国工业经济，2018 (1): 137 -155 .

[225] Bloom, N. . Uncertainty and the Dynamics of R&D, American Economic Review, 2007, 97 (2): 250 -255.

[226] Atanassova C, Wilson N. Disequilibrium in the UK Corporate Loan

Msrket. Journal of Banking and Finance, 2004 (28): 595 - 614.

[227] 孟庆斌，师倩．宏观经济政策不确定性对企业研发的影响：理论与经验研究．世界经济，2017，40 (9)：75 - 98.

[228] 顾夏铭，陈勇民，潘士远．经济政策不确定性与创新——基于我国上市公司的实证分析．经济研究，2018，53 (2)：109 - 123.

[229] Marcus, A. Policy Uncertainty and Technological Innovation. Academy of Management Review, 1981, 6 (3): 443 - 448.

[230] Schwartz, E.. Patents and R&D as Real Options. NBER Working Paper, 2003.

[231] Bhattacharya Utpal, Po - Hsuan Hsu, Xuan Tian, and Yan Xu. What Affects Innovation More: Policy or Policy Uncertainty. Journal of Financial and Quantitative Analysis, 2017, 00 (00): 1 - 33 .

[232] 郝威亚，魏玮，温军．经济政策不确定性如何影响企业创新？——实物期权理论作用机制的视角．经济管理，2016 (10)：40 - 54.

[233] 亚琨，罗福凯，李启佳．经济政策不确定性、金融资产配置与创新投资．财贸经济，2018 (12)：95 - 110.

[234] 张峰，刘曦苑，武立东，殷西乐．产品创新还是服务转型：经济政策不确定性与制造业创新选择．中国工业经济，2019 (7)：101 - 118.

[235] 李佳霖，董嘉昌，张倩肖．经济政策不确定性、融资约束与企业投资．统计与信息论坛，2019 (10)：73 - 83.

[236] Calmès, C. and R. Théoret. Bank Systemic Risk and Macroeconomic Shocks: Canadian and U. S. Evidence, Journal of Banking and Finance, 2014 (40) : 388 - 402.

[237] 马续涛，沈悦．政策不确定性、货币政策与银行风险承担．华东经济管理，2017 (5)：100 - 106 .

[238] 刘志远，王存峰，彭涛，郭瑾．政策不确定性与企业风险承担：机遇预期效应还是损失规避效应．南开管理评论，2017 (6)：15 - 27.

[239] 薛龙．经济政策不确定性与企业风险承担．财经论丛，2019

(12): 55-65.

[240] 邓美薇. 经济政策不确定性对企业绩效的影响——来自中国非金融类上市公司的经验证据. 工业技术经济, 2019 (2): 97-106.

[241] 邓晓萌. 经济政策不确定性与股票回报率. 上海金融, 2019 (11): 50-54.

[242] Jorgenson. D. Capital Theory and Investment Behavior, American Economic Review, 1963, 53 (2): 247-259.

[243] Fama, E. F. Efficient capital markets: A review of theory and empirical work, The Journal of Finance, 1970, 25 (2), 383-417.

[244] Fama, E. F. Foundations of Finance. Basic Books, New York, 1976.

[245] Grossman, Hart. The cost and benefits of ownership. A theory of Vertical and Lateral Intergration. The Journal of Political Economy, 1986 (94): 691-719.

[246] Hart, Moore. A theory of Corporate Financial Structure Based on the Seniority of Claims. Theoretical Economics Paper Series, 1990, 217.

[247] Ross. The Economics theory of Agency: The Principal's Problem. American Economic Review, 1973 (63): 134-139.

[248] Myers S, Majluf N. S. Corporate Financing and Investment Decisions When Firms Have Information that Investors do not Have [J]. Journal of Financial Economics, 1984, 13 (2): 187-221.

[249] Jensen M. C., Meckling W. H.. Theory of the Firm: Managerial Behavior, Agency Costs and Ownership Structure [J]. Journal of Financial Economics, 1976, 3 (4): 305-360.

[250] Stulz R. M. Managerial Discretion and Optimal Financing Policies [J]. Journal of Financial Economics, 1990, 26 (1): 3-27.

[251] Talavera O, Tsapin A, Zholud O. Macroeconomic Uncertainty and Bank Lending: The Case of Ukraine. Economic Systems, 2012, 46 (2): 279-293.

[252] Quagliariello Mario. Macroeconomic Uncertainty and Banks' Lending Decisions: The Case of Italy. Applied Economics, 2009, 41 (3): 323 - 336.

[253] Yan, C. S, and Luis, F. C. The Impact of Uncertainty Shocks in Emerging Economies. Journal of International Economics, 2013, 90 (2): 316 - 325.

[254] Gilchrist S, Sim J, Zakrajsek E. Uncertainty, Financial Frictions, and Investment Dynamics. NBER Working Paper, 2014, 20038.

[255] Bloom N. Uncertainty and the Dynamics of R&D. American Economic Review, 2007, 97 (2): 250 - 255.

[256] Han S., Qiu J. Corporate Precautionary Cash Holdings. Journal of Corporate Finance, 2007, 13 (1): 43 - 57.

[257] 张光利，钱先航，许进．经济政策不确定性能够影响企业现金持有行为吗？管理评论，2017，29（9）：15 - 27.

[258] Almeida H, Campello M. Financial Constraints, Asset Tangibility and Corporate Investment. Review of Financial Studies, 2007, 20 (5): 1429 - 1460.

[259] 金宇超，靳庆鲁，宣扬．"不作为"或"急于表现"：企业投资中的政治动机，经济研究，2016（10）：126 - 139.

[260] 王竹泉，段丙蕾，王苑琢，陈冠霖．资本错配、资产专用性与公司价值．中国工业经济，2017（3）：120 - 138.

[261] 张新民，张婷婷，陈德球．产业政策、融资约束与企业投资效率．会计研究，2017（4）：12 - 18.

[262] 马克思主义全集．第46卷下册，人民出版社，1980.

[263] 马克思恩格斯全集．第一卷第一分册，人民出版社，2006.

[264] 萨缪尔森．经济学．中国发展出版社，1992.

[265] 约翰·何特韦尔等．新帕尔格雷夫经济学大辞典，经济科学出版社，1992.

[266] 樊纲．公有制宏观经济理论大纲，上海人民出版社，1995.

[267] 胡汝银．低效率经济学——集权体制理论的重新思考，上海三联书店，1992.

[268] 杨兴全．上市公司融资效率问题研究．中南财经政法大学博士论文，2004.

[269] 连玉君，程建．投资——现金流敏感性：融资约束还是代理成本．财经研究，2007（2）：37－46.

[270] 张新民，张婷婷，陈德球．产业政策、融资约束与企业投资效率．会计研究，2017（4）：12－18.

[271] Jianxin (Daniel) Chi. Understanding the Endogeneity Between Firm Value and Shareholder Rights. Financial Management, 2005, (Winter): 65－76.

[272] Quagliariello Mario. Macroeconomic Uncertainty and Banks' Lending Decisions: The Case of Italy [J]. Applied Economics, 2009, 41 (3): 323－336.

[273] Talavera O, Tsapin A, Zholud O. Macroeconomic Uncertainty and Bank Lending: The Case of Ukraine [J]. Economic Systems, 2012, 46 (2): 279－293.

[274] Yan, C. S. and Luis, F. C.. The Impact of Uncertainty Shocks in Emerging Economies. Journal of International Economics, 2013, 90 (2): 316－325.

[275] 金宇超，靳庆鲁，宣扬．“不作为”或“急于表现”：企业投资中的政治动机．经济研究，2016（10）：126－139.

[276] 陈德球，陈运森，董志勇．政策不确定性、税收征管强度与企业税收规避．管理世界，2016（5）：151－163.

[277] 钱爱民，张晨宇．政策不确定性、会计信息质量与银行信贷合约——基于民营企业的经验证据．中国软科学，2016（11）：121－136.

[278] 林毅夫，李志．政策性负担、道德风险与预算软约束．经济研究，2004（2）：27－38.

[279] 蔡贵龙，柳建华，马新啸．非国有股东治理与国企高管薪酬激励．管理世界，2018（5）：137－149.

[280] 刘运国，郑巧，蔡贵龙．非国有股东提高了国有企业的内部控制

质量吗——来自国有上市公司的经验证据．会计研究，2016（11）：61－68＋96.

［281］邢斌，徐龙炳．超募、投资机会与公司价值．财经研究，2015（9）：65－78.

［282］杨典．公司治理与企业绩效——基于中国经验的社会学分析．中国社会科学，2013（1）：72－94.

［283］马连福，王丽丽，张琦．混合所有制的优序选择：市场的逻辑．中国工业经济，2015（7）：5－20.

［284］李心合，王亚星，叶玲．债务异质性假说与资本结构选择理论的新解释．会计研究，2014（12）：3－10.

［285］王雪平，王小平．实际控制人境外居留权、机构投资者与企业债务融资成本——基于中国民营上市公司的经验证据．江西财经大学学报，2019（6）：48－62．

［286］赖黎，巩亚林，马永强．管理者从军经历、融资偏好与经营业绩管理世界，2016（8）：126－136.

［287］陈国进，张润泽，赵向琴．经济政策不确定性与股票风险特征．管理科学学报，2018（4）：1－20.

［288］陈国进，张润泽，赵向琴．政策不确定性、消费行为与股票资产定价．世界经济，2017（1）：116－141.

［289］汪平，袁光华，李阳阳．我国企业资本成本估算及其估算值的合理界域：2000—2009. 投资研究，2012（11）：101－114.

［290］康玉梅．股权资本成本估算模型比较及合理界域研究．首都经济贸易大学．博士学位论文，2013．

［291］霍晓萍．机构投资者持股的资本成本效应研究．首都经济贸易大学．博士学位论文，2014.

［292］罗党论，廖俊平，王珏．地方官员变更与企业风险——基于中国上市公司的经验证据．经济研究，2016（5）：140－146.

附　录

附表 1　　稳健性检验　我国上市公司“非效率”投资的统计分析

	指标	样本数	平均值	中位数	标准差	最大值	最小值
投资不足	投资规模	13 050	0. 031 6	0. 023 0	0. 031 0	0. 219 1	0. 000 2
	残差	13 050	-0. 022 5	-0. 017 4	0. 021 6	-0. 000 0	-0. 214 7
投资过度	投资规模	7 393	0. 104 1	0. 086 1	0. 071 5	0. 328 1	0. 000 2
	残差	7 393	0. 039 7	0. 022 8	0. 046 9	0. 316 7	0. 000 0
总样本	投资规模	20 443	0. 057 8	0. 038 9	0. 060 6	0. 328 1	0. 000 2
	残差	20 443	0. 000 0	-0. 008 1	0. 044 6	0. 316 7	-0. 214 7

附表 2　　稳健性检验　“过度投资”和“投资不足”的业绩指标的比较

指标	平均值			中位数		
	过度投资	投资不足	差异值	过度投资	投资不足	差异值
ROA	0. 065 4	0. 054 4	0. 011 0***	0. 053 8	0. 047 0	0. 006 8***
ROE	0. 077 4	0. 055 2	0. 022 2***	0. 078 1	0. 064 3	0. 013 8***
OPM	0. 092 7	0. 080 9	0. 011 8***	0. 074 1	0. 065 2	0. 008 9***
Growth	0. 203 7	0. 131 6	0. 072 1***	0. 124 7	0. 083 8	0. 040 9***
AT	0. 729 4	0. 688 4	0. 041 0***	0. 619 1	0. 569 3	0. 049***

注：*、**、*** 分别表示在 10%、5%、1% 的显著性水平上显著。

附表 3　稳健性检验　我国上市公司“非效率”投资的统计分析

	指标	样本数	平均值	中位数	标准差	最大值	最小值
投资不足	投资规模	6 525	0. 032 9	0. 023 0	0. 032 7	0. 215 6	0. 000 2
	残差	6 525	-0. 036 0	-0. 028 1	0. 023 4	-0. 017 4	-0. 214 7
投资过度	投资规模	3 697	0. 147 2	0. 130 3	0. 072 0	0. 328 1	0. 000 2
	残差	3 697	0. 070 0	0. 052 9	0. 050 2	0. 316 7	0. 022 8
总样本	投资规模	10 222	0. 074 3	0. 047 6	0. 074 7	0. 328 1	0. 000 2
	残差	10 222	0. 002 4	-0. 021 1	0. 062 1	0. 316 7	-0. 214 7

附表 4　稳健性检验“过度投资”和“投资不足”的业绩指标的比较

指标	平均值			中位数		
	过度投资	投资不足	差异值	过度投资	投资不足	差异值
ROA	0. 072 8	0. 056 7	0. 016 1***	0. 060 8	0. 048 5	0. 012 3***
ROE	0. 087 6	0. 054 5	0. 033 1***	0. 084 8	0. 063 2	0. 021 6***
OPM	0. 105 3	0. 085 4	0. 019 9***	0. 083 4	0. 068 8	0. 014 6***
Growth	0. 228 8	0. 119 0	0. 109 8***	0. 145 6	0. 088 8	0. 056 8***
AT	0. 729 0	0. 679 3	0. 049 7***	0. 621 3	0. 563 5	0. 057 8***

注：*、**、*** 分别表示在 10%、5%、1% 的显著性水平上显著。

附表 5　　稳健性检验　上市公司投资效率的测度

	(1) 全样本	(2) 全样本	(3) GROA = 1	(4) GROA = 0
INV	1.527***	1.130***	1.546***	1.298***
	(17.99)	(11.85)	(11.77)	(13.25)
GROA · INV		0.745***		
		(5.11)		
GROA		0.082***		
		(11.57)		
Finance	0.204***	0.194***	0.183***	0.224***
	(6.82)	(6.58)	(4.59)	(5.76)
Lev	-0.010 0	0.086***	0.128***	0.048**
	(-0.68)	(5.59)	(4.83)	(2.54)
Size	-0.019***	-0.021***	-0.017***	-0.024***
	(-6.31)	(-7.57)	(-3.74)	(-7.10)
Age	-0.022***	-0.020**	-0.037***	0
	(-2.72)	(-2.53)	(-3.04)	(0.02)
SOE	-0.039***	-0.032***	-0.033***	-0.028***
	(-7.60)	(-6.30)	(-4.00)	(-4.17)
Pay	0.023***	0.004	0.011*	-0.009*
	(5.73)	(1.07)	(1.79)	(-1.68)
Board	-0.025*	-0.018	-0.034	-0.001
	(-1.73)	(-1.29)	(-1.44)	(-0.08)
Idd	0.007	0.043	0.012	0.064
	(0.15)	(0.90)	(0.15)	(1.09)
聚类	公司	公司	公司	公司
行业	控制	控制	控制	控制
年度	控制	控制	控制	控制
N	20 443	20 443	10 222	10 221
Adj. R^2	0.564	0.573	0.579	0.571

注：回归的因变量是企业价值的变动率（g_MV），表中没有列出常数项的回归结果，括号内为系数的双尾检验 t 值；*、**、*** 分别表示在 10%、5%、1% 的显著性水平上显著。

附表 6　　稳健性检验　不同业绩指标对投资效率影响的测度

	(1) GROE	(2) GGrowth	(3) GOPM	(4) GAT
INV	1.256***	1.087***	1.220***	1.330***
	(12.95)	(10.48)	(12.22)	(13.34)
W	0.094***	0.102***	0.077***	0.026***
	(13.84)	(15.23)	(10.64)	(3.73)
W · INV	0.465***	0.566***	0.542***	0.437***
	(3.18)	(3.86)	(3.64)	(2.84)
Finance	0.197***	0.206***	0.191***	0.206***
	(6.66)	(7.16)	(6.45)	(6.85)
Lev	0.028*	−0.017	0.084***	−0.019
	(1.93)	(−1.21)	(5.35)	(−1.25)
Size	−0.024***	−0.019***	−0.022***	−0.018***
	(−8.60)	(−6.85)	(−7.78)	(−5.98)
Age	−0.020**	−0.011	−0.023***	−0.021**
	(−2.53)	(−1.42)	(−2.87)	(−2.56)
Pay	0.002	0.014***	0.013***	0.018***
	(0.60)	(3.73)	(3.25)	(4.51)
Board	−0.014	−0.017	−0.023	−0.024*
	(−0.98)	(−1.28)	(−1.63)	(−1.71)
Idd	0.042	0.009	0.029	0.005
	(0.87)	(0.21)	(0.60)	(0.10)
SOE	−0.031***	−0.033***	−0.029***	−0.041***
	(−6.16)	(−6.86)	(−5.78)	(−7.93)
聚类	公司	公司	公司	公司
行业	控制	控制	控制	控制
年度	控制	控制	控制	控制
N	20 443	20 443	20 443	20 443
Adj. R^2	0.574	0.576	0.571	0.566

注：回归的因变量是企业价值的变动率（g_MV），表中没有列出常数项的回归结果，括号内为系数的双尾检验 t 值；*、**、*** 分别表示在 10%、5%、1% 的显著性水平上显著。

附表 7　　稳健性检验　模型（4－5）内生性问题的讨论

	(1)	(2)	(3)	(4)	(5)	(6)
INV	2.644***	1.381***	1.394***	1.524***	1.527***	1.573***
	(24.24)	(16.39)	(16.58)	(17.96)	(17.99)	(16.72)
Finance			0.231***	0.209***	0.204***	0.214***
			(7.94)	(6.96)	(6.82)	(6.46)
Lev				−0.022	−0.010	−0.021
				(−1.48)	(−0.68)	(−1.32)
Size				−0.011***	−0.019***	−0.020***
				(−4.54)	(−6.31)	(−6.66)
Age				−0.022***	−0.022***	−0.029***
				(−2.72)	(−2.72)	(−3.08)
SOE				−0.042***	−0.039***	−0.043***
				(−8.13)	(−7.60)	(−7.56)
Pay					0.023***	0.021***
					(5.73)	(4.80)
Board					−0.025*	−0.021
					(−1.73)	(−1.37)
Idd					0.007	0.026
					(0.15)	(0.49)
L.g_MV						−0.023***
						(−2.85)
聚类	公司	公司	公司	公司	公司	公司
行业	—	控制	控制	控制	控制	控制
年度	—	控制	控制	控制	控制	控制
N	20 443	20 443	20 443	20 443	20 443	17 198
Adj. R^2	0.034 0	0.558	0.560	0.563	0.564	0.579

注：回归的因变量是企业价值的变动率（g_MV），表中没有列出常数项的回归结果，括号内为系数的双尾检验 t 值；*、**、*** 分别表示在 10%、5%、1% 的显著性水平上显著。

后　记

本著作的写作过程不仅凝聚了自己的汗水和努力，更汇集着众多人对我的鼓励、陪伴和温暖，所以我最想说的就是谢谢——感谢所有关心、支持和给予我鼓励和帮助的老师、亲人和朋友。

我要特别感谢敬爱的导师王竹泉教授，感谢王老师给予的诸多启发、指导和宝贵意见。感谢我的国外导师 J. Daniel Chi 教授，国外一年的学习生活我收获了很多，感谢您对我学业的无私和耐心指导。感谢我的硕士生导师孙建强教授的传道授业解惑。感谢罗福凯教授、张世兴教授、房巧玲教授、贾凡胜教授、王京老师、王贞洁老师、孙莹老师、曹伟老师、杜媛老师、赵璨老师、程六兵老师等给予我学术上的启迪和帮助。感谢同门好友周在霞博士、魏仁华博士、王苑琢博士、孙兰兰博士、张园园博士、王风华博士、张龑博士、祝兵博士、庞廷云博士、金灿灿博士、宋晓缤博士等一直以来的帮助和陪伴。

感谢我工作单位领导和同事对我的帮助和支持，特别要感谢王曙光院长、云乐鑫院长、史玉贞老师、游群林老师长久以来的帮助和支持。

最后我还要感谢我的家人，感谢你们一直以来无私的爱、鼓励与理解。

夏秀芳

2021 年 10 月